Training · Technik · Taktik

Kurt Wilke
ANFÄNGER SCHWIMMEN

unter Mitarbeit
von Erika Fastrich

Mit Bildreihen und Fotos
von Horst Lichte

Rowohlt

Originalausgabe

Veröffentlicht im Rowohlt Taschenbuch Verlag GmbH,
Reinbek bei Hamburg, August 1979
Copyright © 1979 Text und Abbildungen
by Rowohlt Taschenbuch Verlag GmbH, Reinbek bei Hamburg
Alle Rechte vorbehalten
Redaktion Burghard König
Umschlaggestaltung: Jürgen Kaffer/Peter Wippermann
(Foto: Paul Schirnhofer)
Typographie Werner Rebhuhn/Layout Angelika Weinert
Graphik Heinz Waldvogel
Satz Times (Linotron 404)
Gesamtherstellung Clausen & Bosse, Leck
Printed in Germany
1190-ISBN 3 499 17032 9

38.–40. Tausend April 1992

Inhalt

Einführung	7
Grundlagenwissen	9
Geschichtlicher Überblick	9
Einwirkungen des Wassers	20
Gesundheitlicher Wert	24
Furcht und Angst	27
Grundsatzlehrweise	37
Wassergewöhnung	38
Wasserbewältigung	45
Spiele im Wasser	67
Erlernen des Brustschwimmens	76
Ein 15-Stunden-Lehrgang	84
Schwimmenlernen mit Auftriebshilfen	93
Lehrgang mit dem Schwimmei (nach SILVIA)	93
Lehrgang mit Schwimmflügeln (nach BAUERMEISTER)	99
Lehrgang mit Flossen (nach HETZ)	105
Schwimmen mit unterschiedlichen Anfängern	111
Babyschwimmen	112
Eltern-Kind-Schwimmen	122
Vorschulschwimmen	124

Erwachsenenschwimmen 127
Gymnastik für ältere Schwimmschüler 132
Schwimmen mit Behinderten – Von *Jürgen Innenmoser* 145

Schwimmen für Fortgeschrittene 159
‹Taktik› zur Schwimmstreckenverlängerung 159
Einfaches Ausdauerschwimmtraining 160
Techniken zur Selbstrettung 164
Weitere Zielsetzungen 168

Anhang 171
Spiel- und Übungsgeräte (Bewegungs- und Auftriebshilfen) 171
Einrichtungen zum Schwimmenlernen 173
Schwimmprüfungen 178
Baderegeln 180
Schwimm-Test 182
Literaturhinweise 184
Quellennachweis 184
Über die Verfasser 186
Sachregister 187

Einführung

Auf den Menschen, der sich zum erstenmal im Wasser aufhält, um zu schwimmen, wirkt eine derartige Fülle ungewohnter Eigenschaften des Wassers ein, daß er nicht sofort in der Lage ist, sein Vorhaben in die Tat umzusetzen. Die Schwerkraft scheint aufgehoben zu sein. Die Fortbewegung geschieht in waagerechter Körperlage. Anstelle fester Stütz- und Abdruckflächen auf dem Land bietet das Wasser nur nachgiebige Widerstände. Andererseits bremst die Dichte des umgebenden Elements alle Bewegungsabläufe. Die Atmung findet unter erschwerten Bedingungen statt; das Einatmen ist daran gebunden, daß sich der Mund über der Oberfläche befindet.

Mit anderen Worten: Keine sportliche Betätigung, die sich lebenslang und ohne hohen materiellen Aufwand betreiben läßt, ist mit solch umfassender Veränderung der Umweltbedingungen verbunden wie Schwimmen. Aus diesem Grund erfordert das Schwimmenlernen eine erhebliche Umstellung der bis dahin praktizierten Bewegungsgewohnheiten, der Bewegungssteuerung und auch der mentalen Einstellung zum Wasser.

Sicherlich liegt in diesem Erlebnis andersartiger Umwelt und veränderten Bewegungsverhaltens auch ein großer Reiz des Schwimmenlernens. Der Schritt zum Schwimmenkönnen bedeutet für manchen – insbesondere für den langjährigen Nichtschwimmer – auch einen Schritt zur persönlichen Unabhängigkeit von der Aufsicht und Bevormundung durch andere Personen. Im motorischen Lebensbereich mag es vielleicht sogar der größte Schritt in dieser Richtung sein nach dem

Gehenlernen im Kindesalter. Durch diesen Schritt erschließen sich dem Bewegungsbejahenden nicht nur neuartige Umwelt- und eigene Körpererfahrungen, sondern er vermag einen zusätzlichen Bereich der spielerischen Entspannung und Freizeitaktivität in, an und unter dem Wasser zu erschließen. Für manchen behinderten Menschen bietet Schwimmen sogar die einzige Möglichkeit nahezu unbehinderter Bewegung.

Alles in allem Grund genug für den Wunsch, mit diesem Büchlein Schwimmanfängern Hilfen zu bieten.

Dabei ist an Schwimmanfänger verschiedenen Alters und unterschiedlicher Voraussetzungen gedacht: an das Baby, das seiner Mutter als Lehrerin bedarf, ebenso wie an den Erwachsenen, der sich selbst unterrichten oder sich einen Lehrer dafür suchen möchte. Angesprochen sind aber auch diejenigen, die sich für Anfängerschwimmen verantwortlich fühlen, es unterrichten oder organisieren: also verantwortungsbewußte Eltern, Lehrer oder Jugendleiter, die sich über Anfängerschwimmen informieren möchten.

Der breit gestreute Adressatenkreis erklärt, weshalb verschiedene Lehrwege des Anfängerschwimmens dargestellt werden, weshalb neben der «Grundsatzlehrweise» Lehrgänge mit Auftriebshilfen behandelt werden, weshalb die Angst beim Schwimmenlernen ebenso angesprochen sein soll wie die gymnastische Vorbereitung älterer Schwimmschüler.

Die Vielfalt der großen und kleinen Probleme, die mit dem Anfängerschwimmen verbunden sind, läßt allerdings nicht deren erschöpfende oder gar wissenschaftliche Behandlung in einem kleinen Büchlein zu. Wer dies sucht, der sei auf Literaturhinweise und Quellennachweis als Einstieg hingewiesen. Vielmehr sind die Informationen, Materialien und Empfehlungen auf wohlüberlegte Anwendung ausgerichtet: auf erfolg- und abwechslungsreiches Anfängerschwimmen.

Grundlagenwissen

Geschichtlicher Überblick

Anfängerschwimmen im Altertum

Obwohl einige Zeugnisse menschlicher Schwimmfähigkeit weit in die Vorgeschichte zurückreichen – als ältestes Zeugnis gilt ein in Ägypten gefundener tönerner Siegelzylinder aus dem 9. bis 4. Jahrtausend v. Chr. (siehe Abbildung) –, ist über Art und Durchführung des Schwimmunterrichts im Altertum nicht viel bekannt.

Von römischen Schriftstellern und Geschichtsschreibern werden erstmals Schwimmlehrer, *Binsengürtel* (siehe Abbildung) und luftgefüllte Schläuche als Hilfsmittel erwähnt. Die Redewendung «ohne Kork schwimmen» wurde von Griechen und Römern gebraucht; sie weist auf den *Korkschwimmgürtel* als ein weiteres Hilfsgerät für Nichtschwimmer hin.

Für die Zeit um 310 v. Chr. wird von einer römischen Militärschwimmschule berichtet, in der Soldaten schwimmen lernten. Ansonsten schwammen die Römer im Tiber oder in Fischteichen (piscinae). Erst in der Kaiserzeit (27 vor bis 476 nach Christus) entstanden große Schwimmbecken (natationes) innerhalb der Thermen. Die antiken Griechen kannten die Kolymbethra als kleine Schwimmbecken in manchen Gymnasien.

Ausschließlich in Seen und Flüssen schwammen die Germanen, weil sie keine künstlich angelegten Bäder kannten. Voller Bewunderung berichteten römische Geschichtsschreiber, daß die Germanen zur Abhärtung ihre Kinder im kalten Wasser untertauchten und zusammen mit der ganzen Familie schwammen, wobei die Frauen und Kinder durch Nachahmung lernten.

Als Schwimmtechnik läßt sich für den Mittelmeerbereich aus Vasen- und Grabbildern eine Art Kraulschwimmen mit abwechselndem oder gleichzeitigem Sohlenstoß der Beine erschließen. Allerdings bleibt ungeklärt, ob die Schwimmer die Arme über Wasser nach vorn warfen oder sie unter der Wasseroberfläche vorschoben, also eine Form von «Hundekraulen» ausführten.

Einrichtungen und Verfahren zum Schwimmenlernen in Deutschland bis zum Beginn des 20. Jahrhunderts

Insgesamt war das Mittelalter keine schwimmfreudige Zeit. Christliche Moralvorstellungen und aufkommende Leibfeindlichkeit engten die Schwimmgelegenheiten in den Städten ein, so daß vorwiegend die bäuerliche Bevölkerung und die Adeligen im Rahmen der ritterlichen Ausbildung schwimmen lernten. Schwimmen war eine der sieben ritterlichen Fertigkeiten, konnte jedoch während der Kreuzzüge kaum mehr ausgeübt werden. Eine Vielzahl spektakulärer Ertrinkungsfälle und die sexuelle Unmoral in den städtischen Badehäusern führten schließlich zu amtlichen Schwimm- und Badeverboten unter Androhung schwerer Strafen.

Das erste bekannte Schwimmlehrbuch hierzulande erschien 1538 von Nikolaus WYNMANN: «Der Schwimmer oder ein Zwiegespräch über die Schwimmkunst». Es war in lateinischer Sprache verfaßt, wurde aber bald übersetzt. In diesem Zwiegespräch überzeugt einer der Gesprächspartner seinen Freund durch viele geschichtlich verbürgte Ertrinkungsfälle von der Notwendigkeit, unbedingt schwimmen zu lernen. Von Natur aus beherrsche der Mensch die Schwimmkunst nicht. Deshalb bedürfe es eines Lehrmeisters, der seinem Schüler zunächst an Land, später im Wasser die Schwimmbewegungen derart «kunstvoll» vormacht, daß der Schüler sie auch tatsächlich ausführen kann. Der Schüler ginge unter, wenn nicht zunächst der Lehrer ihn im Wasser unterstützt. Der Mensch bliebe nur aufgrund seiner auftriebgebenden Bewegungen an der Wasseroberfläche. Sicherheitshalber erwähnt WYNMANN auch die Binsenbündel, die schon im Altertum benutzt wurden. Anders jedoch als im Altertum wird Brustschwimmen gelehrt, da Kraulschwimmen als unvernünftiges Planschen den Tieren vorbehalten sei.

Weitaus wirkungsvoller als die etwas theoretische Schrift WYNMANNS unterrichteten seit dem ausgehenden Mittelalter die *Halloren* als Schwimmlehrer an Fürstenhöfen, Schiffahrtszentren und später an den Internatsschulen der wohlhabenden Bürger.

Diese Halloren arbeiteten ursprünglich in den Salzwerken in Halle an der Saale. Sie lösten die im Bergwerk gewonnene Mischung aus Salz, Stein und Erde in künstlichen Teichen auf, um die so bereitete Sole über die Gradierwerke der Salinen zu leiten. Zur Sicherheit während ihrer Arbeit und wegen der folgenden Reinigungsbäder in der Saale mußten die Halloren schwimmfähig sein, was sie gelegentlich durch Schauschwimmen und Springen von den Saalebrücken demonstrierten. So holte man die tüchtigsten von ihnen als professionelle Schwimmlehrer nach Gotha, Jena, Breslau, Hamburg, ja sogar in die Schweiz. Nach der Einrichtung der Flußbadeanstalten und der Ostseebäder wurden Halloren als Schwimmeister und -lehrer tätig.

Die Halloren unterrichteten ihre Schüler einzeln, indem sie die Schwimmbewegungen vorzeigten und nachahmen ließen. Dabei standen sie in hüfttiefem Wasser und hielten ihre Zöglinge unter dem Kinn. Die Fortgeschrittenen sicherten sie vom Land aus mit einer Leine um den Leib (siehe Abbildung oben links).

Einer der prominentesten Hallorenschüler war Guts Muths, der als erster einen systematisch gegliederten Schwimmunterricht an einer Internatsschule (Philanthropinum Schnepfenthal) durchführte («Kleines Lehrbuch der Schwimmkunst zum Selbstunterricht» von 1798):

- allmähliche Gewöhnung an das Wasser,
- Vorübungen auf dem Schemel an Land,
- Übungen mit dem Schwimmgürtel im Wasser.

Außerdem fügte Guts Muths der Leine bzw. dem Schwimmgürtel mit Leine einen langen Stock hinzu und schuf so die *Schwimmangel* (siehe Foto oben rechts).

Die Unterrichtsmethodik für Anfängerschwimmen und die Geräte wurden in der Folgezeit weiterentwickelt, jedoch stets unter der fälschlichen Grundannahme, daß sich der Mensch nicht wegen seines natürlichen Auftriebs, sondern nur mit Hilfe der auftriebgebenden Schwimmbewegungen an der Wasseroberfläche halten könne. Es fiel deshalb als erstes die allmähliche Gewöhnung ans Wasser fort.

Statt dessen wurden die *Trockenübungen* an Land ausgebaut: Die Gesamtbewegung des Brustschwimmens wurde in Teilbewegungen der Arme und Beine gegliedert und auf Zählkommando des Lehrers, den sogenannten *Schwimmtempi*, stundenlang geübt. Auf jedes Schwimmtempo mußte eine festgelegte Stellung der Arme oder Beine bzw. später beider Gliedmaßenpaare gleichzeitig eingenommen und einen Augenblick lang gehalten werden. Das strengte den Schwimmschüler in der Bauchlage auf der kleinen Sitzfläche des Schemels an, und so trat an dessen Stelle eine Art Sägebock (siehe Foto unten). Erheblich mehr Bequemlichkeit bot der *Schwimmbock*, eine Art Bauchliegestuhl für den Rumpf des Übenden.

Historische Hilfsgeräte 13

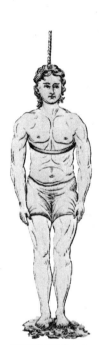

Trockenübungen

Der Schwimmbock ging aus dem Sägebock hervor, war oben mit Tuch bespannt und ließ die Gliedmaßen des Lernwilligen für die Schwimmbewegungen frei (siehe Abbildung oben).

Erfolgte der Schwimmunterricht mit Schwimmbock und Angel bisher als Einzelunterricht, so blieb es einem preußischen Offizier, Ernst von PFUEL, vorbehalten, ihn ab 1810 als Massenunterricht für Militärschwimmschulen in Prag, Wien und Berlin zu organisieren. Die dafür notwendige Vielzahl von Angeln wurde durch Balken über dem Schwimmbecken ersetzt, an denen die Kadetten mit ihren Leinen angebunden wurden. Dann übte die Gruppe gemeinsam auf Kommando des Ausbilders (siehe Foto rechts).

Das *Freischwimmen* von der Leine entspringt sehr wahrscheinlich ebenso dieser Form des Anfängerschwimmunterrichts wie das *Fahrtenschwimmen*, welches ursprünglich als höchste Qualifikation die Überquerung der Moldau verlangte. Daß der militärische Unterricht samt seiner Organisation die gesamte Entwicklung des Anfängerschwimmens im deutschsprachigen Bereich bis nach dem Ersten Weltkrieg maßgeblich beeinflußte, läßt sich auf folgende Ursachen zurückführen:

Schulschwimmen 15

1. Die Umgestaltung des Anfängerschwimmens zur Massenübung durch von PFUEL ermöglichte den Gruppenunterricht in Schulen und Vereinen.
2. Häufig wechselten Soldaten, insbesondere im Falle der Frühinvalidität, zum Lehrerberuf über oder arbeiteten als Badewärter.
3. Die militärischen Schwimmschulen konnten nach und nach auch von Schulklassen und Vereinsgruppen benutzt werden.

Dementsprechend weist der erste regelmäßige *Schulschwimmunterricht* ab 1902 in Dresden, Elberfeld, Hamburg, Eschweiler und Hannover alle inhaltlichen und methodischen Merkmale des Anfängerschwimmens der Militärschwimmschulen auf: Trockenübungen auf dem Schwimmbock, Teilbewegungen mit Haltephasen nach Schwimmtempi, synchrone Ausführung der Schwimmbewegungen an Angel und Leine, Bruststoßschwimmen und Stoßschwimmen der Beine in Rückenlage, Freischwimmen von der Leine und Fahrtenschwimmen.

Den Fortschritt für das Anfängerschwimmen suchte man zunächst auf dem Gebiet der Geräteentwicklung, ohne die Grundannahme der auftriebsnotwendigen Schwimmbewegung zu verlassen. Um den Einzel-

schüler an der Angel bei jedem Schwimmstoß vorwärtszuziehen, ließ sich die Angel auf einer fahrbaren Stützgabel über den Beckenrand bewegen (siehe Abbildung oben). Der Gruppenunterricht trug dem Wunsch nach dynamischem Schwimmen Rechnung, indem er anstelle der ortsgebundenen Befestigung an Querbalken nun über dem Becken parallel laufende Längsseile oder Drähte installierte. Unter diesen sichernden ‹Oberleitungen› schwammen die Schüler auf Zählkommando gemeinsam neben- und hintereinander zum gegenüberliegenden Beckenende (siehe Foto unten).

Schwimmapparate

Da trotz dieser gründlichen Vorbereitung mancher Schüler die gelernten Bewegungen schnell zu vergessen schien, sobald er nicht mehr von der Leine an der Oberfläche gehalten wurde, band man ihm unterschiedliche Auftriebshilfen an den Leib, die im antiken Binsen- oder Korkgürtel ihre Vorbilder hatten: aufgepumpte Schweinsblasen, Nesselkissen, Schwimmbüchsen, Halskragen usw. Zur Schulung der eigentlichen Schwimmbewegung an Land und im Wasser wurde in der Folgezeit eine Vielzahl von Schwimmapparaten erfunden (siehe Foto und Abbildungen oben).

Die Loslösung von dieser mechanistischen Sicht des Schwimmenlernens gelang eigentlich erst dem gebürtigen Leipziger und späteren Wiener Schwimmlehrer Kurt WIESSNER (1925).

Von psychologischen Überlegungen ausgehend, beantwortete er die Frage, warum der Mensch von Natur aus nicht schwimmen könne, mit der Erkenntnis, daß dieser nicht an den Aufenthalt im Wasser gewöhnt sei. Es komme also darauf an, ihm vor allen Schwimmbewegungen durch *Wassergewöhnung* im flachen Wasser die Scheu vor dem unbekannten Element zu nehmen. Erst dann sei er in der Lage, ohne Hemmungen die Bewegungsabläufe des Brust- oder Kraulschwimmens zu lernen.

Selbstverständlich lehrte WIESSNER auch die eigentlichen Schwimmbewegungen im Flachwasser, was aufgrund des Bäderbaus mit zunehmend genormten Nichtschwimmerbecken erleichtert wurde. Da die Wassergewöhnung im Regelfall den Schwimmschüler schon dazu befähigt, unter Nutzung seines natürlichen (hydrostatischen) Auftriebs an der Wasseroberfläche zu schweben oder zu gleiten, verzichtete WIESSNER bewußt auf jedes Auftriebsgerät am menschlichen Körper. Er wurde dadurch zum Verfechter des *gerätelosen Schwimmunterrichts*.

WIESSNER zerlegte nicht mehr die Bewegungsabläufe der Arme und Beine nach Zählkommandos in elementare Bewegungsteile. Statt dessen ließ er Arm- und Beinbewegungen ohne Unterbrechung der Bewegungsabläufe schwungvoll und möglichst von Anfang an im Wasser (eines Flachbeckens) ausführen. Da er zudem Brust- und Kraulschwimmen lehrte und erst nach deren grober Beherrschung seine Schüler je nach individueller Eignung und Neigung in den Stoßschwimmarten (Brust- und Rückenschwimmen mit Beinstoß) oder im Schlagschwimmen (Kraul) förderte, muß Kurt WIESSNER als Wegbereiter des modernen Schwimmunterrichts angesehen werden. Die Mehrzahl der heute angewendeten Schwimmlehrmethoden beruhen auf den Grundzügen seiner Systematik (siehe Schema).

Methodischer Aufbau

Brust-Stoßschwimmen		Brust-Kraulschwimmen
Schwimmbewegungen mit Atmung	vollständiger Bewegungsablauf im Wasser	Schwimmbewegungen mit Atmung
Atmen im Sitzen	Atmung	Atmen im Stehen und Hocken
Schwimmbewegungen ohne Atmung	Zusammenarbeit	Schwimmbewegungen ohne Atmung
Armbewegungen im Gleiten	Armbewegungen	Armbewegungen im Gleiten
Armbewegungen im Stand		Armbewegungen im Stand
Beinbewegungen im Gleiten	Beinbewegungen	Beinbewegungen im Gleiten
Beinbewegungen im Liegestütz		Beinbewegungen im Liegestütz
einbeiniger Beinstoß im Stand		einbeiniger Beinschlag im Stand

Gleiten aus dem Abstoß

freies Schweben

teilweises Schweben und Hände lösen für das Auftriebserlebnis

Kopf untertauchen

Methodischer Aufbau (nach WIESSNER)

Einwirkungen des Wassers

Schwimmen und somit auch das Schwimmenlernen verlegt zwangsläufig alle damit zusammenhängenden menschlichen Bewegungsabläufe in das Wasser. Dessen physikalische Eigenschaften stören das normale menschliche Verhalten sowohl mittels physiologischer als auch psychischer Vorgänge.

Jeder gesunde Körper – mit Einschränkungen auch der des Behinderten – bemüht sich jedoch, die Störungen des Wassers im Sinne der Anpassung auszugleichen (Prinzip der Homöostase). Die Herausforderung und Anpassung des menschlichen Körpers durch den Wasseraufenthalt müssen als wesentliche und begrüßenswerte Vorteile des Schwimmens betrachtet werden.

Dies betrifft hauptsächlich drei Regulationsbereiche, die vom Schwimmanfänger jedoch nicht so isoliert erlebt werden, wie sie hier behandelt werden: den Temperatureinfluß, die Druckeinwirkungen und den erhöhten Sauerstoffverbrauch.

Temperatureinfluß

Wasser ist 25mal so wärmeleitfähig wie Luft. Als Folge gibt der menschliche Körper an das Wasser etwa drei- bis viermal soviel Wärme ab wie an die Luft. So beträgt der Wärmeverlust während 15 Minuten Wasseraufenthalts bei 20 Grad Celsius rund 420 Kilojoule; das entspricht dem Wärmeverlust an der Luft bei 20 Grad im Verlauf einer Stunde. Hierbei ist zu bedenken, daß sich das Verhältnis für das Kind gegenüber dem Erwachsenen verschlechtert; denn der großen Körperoberfläche des Kindes steht eine verhältnismäßig geringe Körpermasse gegenüber. Durch einen viertelstündigen Wasseraufenthalt bei 31 Grad verlieren Kinder im Alter bis zu drei Jahren rund 0,2 Grad und Drei- bis Fünfjährige 0,1 Grad ihrer Körpertemperatur.

Neben dem ungünstigen Größenverhältnis von Körperoberfläche zur Körpermasse spielt auch das geringe Unterhautfettgewebe der Kinder eine wichtige Rolle für den raschen Temperaturverlust im Wasser. So geben Arme und Beine mehr Wärme ab als der Rumpf. Das hat auch etwas Gutes, da der Körper auf die Temperaturerhaltung in seinem Kern ausgerichtet ist. Er reagiert auf kaltes Wasser mit der Drosselung der Hautdurchblutung, das heißt, die Haut kühlt ab, obwohl der Körper zunächst seine Temperatur aufrechterhält. Dickere Menschen verlieren bei längerem Wasseraufenthalt wegen der stärkeren Isolationsschicht ihres Unterhautfettgewebes langsamer Wärme als magere und muskulöse. Kommt es aber erst zum Kältezittern bzw. bewegt sich der Schwimmer intensiv, nimmt die Durchblutung der peripheren Körperzonen zu, wodurch der Körper rascher auskühlt (STEGEMANN 1977). Dieser weithin unbekannte Sachverhalt wird unterstrichen durch die Tatsache, daß während Wasseraufenthalts in Ruhe die Wärmeproduktion zu 70 Prozent im Körperkern und zu 30 Prozent in der Schale erfolgt, während sich durch intensives Schwimmen das Verhältnis umkehrt. Trotzdem wird dieser Vorgang nicht als unangenehm empfunden, so daß der Wärmeverlust bei lebhafter Bewegung über eine erheblich längere Zeit hingenommen wird als bei Passivität.

Außerdem ist das menschliche Kälteempfinden von der Geschwindigkeit der Abkühlung abhängig. Hat jedoch die Hauttemperatur nach Drosselung der peripheren Durchblutung eine Temperatur von 31,5 Grad angenommen, so wird dies als ‹neutral› empfunden. Es bedarf jetzt eines Sprunges von minus 0,2 Grad, um die Empfindung des Kaltwerdens, und von plus 0,5 Grad, um die Empfindung des Aufwärmens auszulösen.

Ein zu langer Wasseraufenthalt führt schließlich zur Verengung der Arterien, zur Erweiterung der kleinsten Venen und zur Unterbrechung der rhythmischen Gefäßkontraktionen; Blutstauungen und Blaurot-Färbung (Cyanosen) sind die Folge. Zu bedenken ist noch, daß auch zeitweilige Pausen an Land nur dann den Wärmehaushalt entlasten, wenn der Körper bekleidet wird (Badeumhang, Bademantel, Trainingsanzug). Zumindest sollten sich die Schwimmschüler abtrocknen, um die Verdunstung des Wassers auf der Haut und somit erneute Abkühlung zu vermeiden.

Die Wärmeabgabe hängt also maßgeblich von fünf Faktoren ab:
● von der Wassertemperatur,
● von der Zeitdauer des Wasseraufenthalts,
● von dem Verhältnis von Körperoberfläche zu Körpermasse,
● von der Fettschicht,
● von der Bewegungsintensität bzw. Ruhighaltung.

Bestimmte Formen der Körperbehinderungen (Poliolähmung, Muskelschwund) führen dazu, daß diese Behinderten viel eher frieren als Unbehinderte. Kommt es zum Beispiel bei Spastisch-Gelähmten (cerebral Bewegungsgestörten), die mit einer allgemein erhöhten Muskelspannung leben, zu einer weiteren Spannungserhöhung der Muskeln als Folge des Kältezitterns, werden Bewegungen nahezu unmöglich gemacht. Eine Wassertemperatur im Bereich von wenigstens 30 bis 32 Grad Celsius ist deshalb wünschenswert.

Druckeinwirkungen

Wasser hat bei gleichem Volumen eine erheblich größere Masse als Luft. Dieses spürt der Mensch als Druck, der auf alle Teile des Körpers einwirkt. Da die Gewebe des menschlichen Körpers zu fast 60 Prozent aus Flüssigkeit bestehen, beeinflußt der Wasserdruck besonders die Körperpartien, die mit Luft gefüllt sind, nämlich Brustkorb, Lungen, Innenohr und Nasen-Rachen-Raum. Der bewegliche Brustkorb wird schon knapp unter der Wasseroberfläche derart zusammengedrückt, daß sich die Vitalkapazität um bis zu neun Prozent verringert.

Erschwert wird die Atmung, insbesondere die Einatmung, weil sich der Brustkorb gegen den Wasserdruck weiten muß. Der wenig wassergewöhnte Schwimmanfänger erlebt diesen Vorgang im wahrsten Sinne des Wortes als bedrückend. Zudem verschiebt der hydrostatische Druck auf die oberflächlichen Venen die Blutverteilung derart, daß sich im Innenraum des Brustkorbs 0,2 bis 0,4 Liter mehr Blut befinden und eine mittlere Herzvolumenvergrößerung von 770 auf 920 ml bewirkt wird.

Die vermehrte Füllung des Herzens mit Blut betrifft besonders den linken Vorhof und hemmt die Ausschüttung eines Hormons, das sonst die Harnausscheidung bremst. Die Folge ist eine erheblich verstärkte Harnausscheidung (GAUER-HENRY-Reflex).

Der starke Drang zum Wasserlassen erklärt sich daraus, daß die kältebedingte Gewebszusammenziehung und die Auswirkung des GAUER-HENRY-Reflexes nach einiger Zeit des Wasseraufenthalts zusammenfallen. Der Toilettenbesuch vor dem Schwimmen sollte deshalb zu einer festen Gewohnheit werden. Eltern, Lehrer und Leiter von Übungsgruppen sollten trotzdem Verständnis dafür haben, wenn Schwimmanfänger auch im Verlauf der Schwimmstunde häufiger als üblich die Toilette aufsuchen müssen.

Die hygienischen Schwierigkeiten, die mancher behinderte Teilnehmer sieht, sollten nicht zum Ausschluß aus dem Anfängerschwimmen führen, da mindestens ein Toilettenbesuch unmittelbar vor der Übungsstunde und eine weitere Unterbrechung für alle Teilnehmer bereits das Problem lösen.

Erhöhter Sauerstoffverbrauch

Die beschriebenen Reaktionen des Körpers auf den Temperatureinfluß und die Druckeinwirkungen des Wassers erhöhen den Sauerstoffverbrauch erheblich gegenüber dem üblichen Landaufenthalt. Die psychisch-nervlichen Erregungen, die mit dem ungewohnten Erlebnis der Wassereinwirkungen verbunden sind, steigern zusätzlich den Sauerstoffverbrauch. Eine weitere Steigerung erfährt der Sauerstoffverbrauch, wenn lebhafte und ganzkörperliche Bewegungen während der Schwimmübungen große Muskelgruppen einsetzen und viel Energie beanspruchen.

Dabei zeigt der Ungeübte höhere Energieumsätze als der Geübte, der möglichst wenig und vor allem nur diejenigen Muskeln anspannt, die dem jeweiligen Bewegungsablauf wirklich dienlich sind. So unterscheidet sich nach Schätzungen der mechanische Wirkungsgrad der menschlichen Schwimmbewegungen je nach schwimmerischem Ausbildungsstand von 0,5 bei Ungeübten bis acht Prozent bei Spitzenschwimmern. Die Herausforderung unseres Körpers durch Wasseraufenthalt und Schwimmen bewirkt auch für die Sauerstoffversorgung Anpassungsvorgänge an die erhöhte Beanspruchung (Homöostase). Im Grunde genommen stellen diese Anpassungsvorgänge ein gutes Beispiel für Trainingswirkungen dar, wie auch die regelmäßige und allmählich gesteigerte Herausforderung unseres Körpers durch Anfängerschwimmen und nachfolgendes Schwimmen durchaus als ein Training verstanden werden kann (vgl. Seiten 159, 160).

Eine weitere Einwirkung des Wassers auf den menschlichen Körper äußert sich in dem sogenannten Tauchreflex. Er besteht in einer Senkung der Herzschlagfrequenz, sobald der Körper länger als etwa zehn Sekunden unter Wasser ist. Am stärksten sinkt die Frequenz dann ab, wenn sich der ganze Körper unter der Wasseroberfläche befindet, insbesondere Kopf und Nacken, und wenn nach einer Einatmung die Luft während des Unterwasseraufenthalts angehalten wird.

Die Senkung der Herzschlagfrequenz bleibt teilweise erhalten, wenn der Mensch – zum größten Teil unter Wasser – vorwärtsschwimmt. Der Tauchreflex überlagert also die anderen Kreislaufantriebe im Sinne einer Beruhigungsneigung. Trotzdem stellt diese Erscheinung für den Ungeübten eine Belastung dar. Herz-Kreislauf-behinderte Menschen sollten aus diesen Gründen nur dann am Schwimmen teilnehmen, wenn es ihnen der Arzt ausdrücklich erlaubt. Selbstversuche und Sorglosigkeit können sie in eine große Gefahr bringen.

Auch allen anderen Behinderten wird ebenso wie älteren Nichtschwimmern empfohlen, vor der Teilnahme am Anfängerschwimmen ihren Hausarzt um Rat zu bitten.

Wegen der dargelegten Druckverhältnisse im Wasser ist Menschen, die unter Bluthochdruck leiden, ärztliche Beratung besonders anzuraten.

Gesundheitlicher Wert

Wenn schon zwangloses Bewegen im Wasser die vorgenannten Reize für den menschlichen Organismus setzen kann, so lassen sich nach Auffassung der Sportmedizin durch *regelmäßiges* Schwimmen für den Gesunden folgende Wirkungen erwarten: Training der Muskulatur, der Atemorgane, des Herzens und des Kreislaufs, Abhärtung des Gesamtorganismus und Festigung der vegetativen Vorgänge. Die Gefahr der Überbeanspruchung für den organisch Gesunden ist kaum gegeben, was zum Teil darauf beruht, daß der hydrostatische Auftrieb den Körper im Wasser sehr leicht macht.

Hat der Schwimmschüler die Stufe der Wasserbewältigung einmal erreicht und weiß er den eingeatmeten Zustand zu nutzen, so braucht er seinen Körper nicht mehr gegen die Schwerkraft zu halten, sondern nur vom Wasser tragen zu lassen und vorwärts zu bewegen. Er befindet sich im Zustand verhältnismäßiger Schwerelosigkeit. Obwohl das Empfinden der Schwerelosigkeit den Anfänger zu Beginn verunsichert – er steht ja nun nicht mehr so sicher auf seinen Füßen –, bietet der physikalische Vorgang gesundheitliche Vorteile. Der hydrostatische Auftrieb entlastet sowohl die Muskeln als auch Wirbelsäule und Gelenke, auf denen außerhalb des Wassers die Last des Körpergewichts ruht. Läßt man sich völlig vom Wasser tragen, so löst sich die Dauerspannung der Hals-, Schulter- und Rückenmuskulatur, die an Land deshalb notwendig ist, um den Körper, insbesondere Kopf und Oberkörper, den Tag über aufrecht zu halten. Ebenso entfällt die Belastung der Wirbelsäule, aber auch der Hüft-, Knie-, Fußgelenke sowie der Fußgewölbe, wenn das Wasser das Körpergewicht auffängt.

Diese Vorteile lassen sich beim Vorwärtsschwimmen allerdings nur dann nutzen, wenn eine Schwimmtechnik angewendet wird, die ebenfalls zur entspannten Körperlage im Wasser führt. Dazu eignet sich in der Anfangsphase Rückenschwimmen wegen des aufliegenden Kopfes besser als Brustschwimmen. Kraulschwimmen in der Bauchlage über längere Strecken ist erst dann empfehlenswert, wenn der Schwimm-schüler die Atmung beherrscht. Die richtig ausgeführte Atmung erst erlaubt dem Kopf, im Wasser zu liegen und sich für die Einatmung lediglich zur Seite zu drehen.

Steht als Schwimmtechnik nur Brustschwimmen zur Verfügung, so ist darauf zu achten, daß nach jedem Luftholen Kopf und Schultern vorn in das Wasser tauchen und dort einen Augenblick ausruhen. Nur auf diese Weise kommt der rhythmische Wechsel von Muskelkontraktion und -entspannung zustande, der während der Alltagstätigkeit häufig fehlt und zu unangenehmen Verspannungen und Verhärtungen im Nacken- und Rückenbereich führt. Bei richtiger Bewegungsausfüh-rung stellt dieser Wechsel von Kontraktion und Entspannung unter gleichzeitiger Entlastung der Wirbelsäule den großen Vorzug des Schwimmens gegenüber anderen Sportarten dar. Dieser Vorzug trifft bei guter Bewegungsausführung für das Rückenkraul- und Kraul-schwimmen in größerem Maße zu als für das Brust- und Delphin-schwimmen, weil die wechselseitige Arbeit von rechtem und linkem Arm sowie von rechtem und linkem Bein der Gegenseite stets eine gleich lange Erholungszeit einräumt.

Daß nach jeder – wenn auch noch so kurzen – Muskelarbeit eine kurze Erholung folgt, ist entscheidend wichtig. Denn während dieser Erho-lung verbessert sich die Durchblutung, so daß der entspannte Muskel die Möglichkeit hat, vermehrt sauerstoffreiches Blut für nachfolgende Arbeit aufzunehmen bzw. kohlendioxydhaltiges Blut abzugeben. Der Wechsel von Arbeits- und Erholungsphasen bildet die Voraussetzung für das Schwimmen längerer Strecken, die ihrerseits wiederum nötig sind, um die homöostatische Anpassung von Atmungsorganen, Herz und Blutkreislauf herauszufordern.

Schwimmen zur Gesunderhaltung stellt also nicht auf Schnelligkeit und kurze Strecken ab, sondern hat ruhiges Durchschwimmen länge-rer Strecken im ständigen Wechsel von Spannung und Entspannung zur Aufgabe. «Durch eine solche Aktivität vermindert sich die Herz-frequenz, die O_2-Transportfähigkeit (Sauerstoff) wird erweitert und die Herzarbeit ökonomischer. Die (Blut-)Gefäße bleiben elastischer. Durch diese Ökonomisierung von verschiedenen Kreislauffunktionen erweitern sich die Adaptionsmöglichkeiten des Organismus an eine Belastung. Dies kann in kritischen Situationen wie z. B. psychisches Trauma, körperliche Anstrengungen oder Infektionen lebensrettend sein» (RIECKERT in VOLCK 1977). Es muß allerdings hinzugefügt werden, daß erst regelmäßiges Schwimmen – wenigstens einmal in der Woche, besser jedoch dreimal wöchentlich – die genannten gesundheitlichen Möglichkeiten eröffnet.

Schwimmen aktiviert eine Reihe von Muskeln, die im alltäglichen Leben wenig beansprucht werden. Um die Muskeltätigkeit breit zu fächern, kann der Schwimmer mehrere Schwimmtechniken abwechselnd anwenden und zusätzlich Gymnastik-, Spiel- und Tauchbewegungen ausführen. Entsprechend der vielseitigen muskulären Beanspruchung wird er nur selten Muskelkater verspüren, obgleich ihn die körperliche Tätigkeit in Verbindung mit der Gesamtwirkung des Wassers wirkungsvoll belastet.

Trotz dieser Belastung führen kurze Schwimmpausen zu einer raschen Erholung, weil die Blutversorgung der Muskeln im Wasser unter günstigeren Bedingungen als auf dem Lande abläuft: Der Wasserdruck unterstützt nämlich den Rückfluß des Venenbluts zum Herzen. Diese Erscheinung trifft schon für Übungen des Anfängerschwimmens zu, die im Wasser stehend ausgeführt werden, da der hydrostatische Druck den Rückfluß des Bluts in den Fuß- und Beinvenen fördert. Damit treten ähnliche Kreislaufverhältnisse auf wie bei waagerechter Körperlage auf dem Land.

Eine gut genutzte Übungsstunde sollte auch den Gesundheitsschwimmer angenehm ermüden und auf diese Weise zum Gleichgewicht zwischen alltäglicher nervlicher Beanspruchung und der meistens fehlenden körperlichen Belastung beitragen. Denn das ausgewogene Verhältnis zwischen nervlicher und körperlicher Ermüdung zieht diejenige erholsame Entspannung des Gesamtorganismus nach sich, die – über das unwillkürliche Nervensystem gesteuert – den Aufbau neuer Energien ermöglicht. Um diese wichtige Funktion des vegetativen Nervensystems zu unterstützen und zu festigen, bietet regelmäßiges Schwimmen ausgezeichnete Möglichkeiten.

Es darf nicht vergessen werden, daß Schwimmen aufgrund des erwähnten hydrostatischen Auftriebs auch denjenigen Menschen Gelegenheit zur körperlichen Aktivität bietet, die wegen Muskelschwächen oder Muskelschwund, wegen Schädigungen der Wirbelsäule oder der Gelenke auf dem Lande nicht genügend Bewegung finden. Viele Behinderte sind nur im Wasser in der Lage, sich ohne technische Hilfsmittel wie Prothesen, Krücken, Rollstuhl aktiv zu bewegen. Außerdem bietet ihnen der regelmäßige Wasseraufenthalt, selbst wenn sie zu Beginn der Übungsstunden von Helfern in das Wasser ge-

Bewegungstherapie

hoben werden müssen, die einzige selbständige Tätigkeit ohne fremde Hilfe.

Übergewichtigen Leuten erlaubt das eigene Körpergewicht nicht die gesundheitlich notwendige intensive und längerwährende Bewegung auf dem Land, so wie sie durch ausgedehnte Waldläufe, Radfahren, Skilanglaufen usw. zustande käme. Hier bietet sich Schwimmen als Bewegungstherapie geradezu an. Es kann nach und nach zeitlich so lange ausgedehnt werden, daß es in Verbindung mit gezielten Diätmaßnahmen zum erwünschten ‹Abspecken› beiträgt (vgl. Seite 160f).

Es soll im Zusammenhang mit dem gesundheitlichen Wert des Schwimmens nicht verschwiegen werden, daß die hygienischen Maßnahmen in öffentlichen Bädern nicht alle Infektionsgefahren ausschließen können. Als Beispiel seien nur die weitverbreiteten Fußpilz- und Hauterkrankungen genannt, die jedoch durch konsequente Benutzung der Desinfektionsanlagen eingeschränkt oder sogar vermieden werden können. Die zunehmende Wassertemperatur verstärkt das Risiko einer Infektion. Insbesondere die erhöhte gesundheitliche Gefährdung, wie sie für einen Teil der Behinderten zutrifft – etwa die Gefahr von Harnweginfektionen für Querschnittgelähmte –, verlangt besondere Vorsicht und Vorsorge.

Selbstverständlich dürfen Personen mit infektiösen Hauterkrankungen nicht schwimmen gehen.

Furcht und Angst

Obwohl viele Schwimmlehrer und Lehrbücher dies verneinen, spielt die Angst im Anfängerschwimmen eine wesentliche Rolle, so daß sich für jeden Beteiligten die Auseinandersetzung mit ihr lohnt.

Zwar kann man davon ausgehen, daß eine gewisse Unsicherheit darüber, ob man als Schwimmschüler die nächsten Unterrichtsanforderungen schafft oder nicht, erst die zum Erfolg notwendigen Kräfte freisetzt. In diesem Fall besteht zwischen dem Wunsch, Schwimmen zu lernen, und der Ablehnung aller damit verbundenen Gefahren ein Gleichgewichtsverhältnis, das Unbequemlichkeit in Kauf nehmen und die Erfolgschance dennoch durchscheinen läßt.

Sobald jedoch die Unsicherheit derart stark anwächst, daß der Lernende sich durch die gestellten schwimmerischen Aufgaben oder durch die gesamte Situation des Schwimmenlernens bedroht fühlt, steht die Angst dem Lernerfolg im Weg. Wissenschaftliche Untersuchungen bestätigen, daß der Abbau von Schwimmangst und der Fortschritt des Schwimmenlernens parallellaufen. Umgekehrt hindert die Angstzunahme in gleichem Maße den Lernfortschritt bis zum Stillstand oder gar bis zur Flucht aus dem Wasser.

Woraus läßt sich nun schließen, daß der Schwimmanfänger Angst fühlt? – In fast allen Fällen lernhemmender Angst zeigt er eines oder mehrere der folgenden Merkmale:

- Muskelanspannung bis zur Verkrampfung,
- steife, gehemmte Bewegungen,
- starkes Herzklopfen,
- beschleunigte Atmung,
- starren Gesichtsausdruck,
- unnatürliches Lachen,
- Wechsel von ängstlichem Gesichtsausdruck und Verlegenheitslächeln,
- die Aussage, Angst oder ‹weiche Knie› zu haben,
- ständigen Harndrang (schon vor Eintritt ins Wasser),
- Brechreiz.

Der ängstliche Schwimmschüler fühlt immer den Wunsch, der angstauslösenden Situation des Schwimmunterrichts auszuweichen. Für sein Erlebnis ist zunächst unbedeutend, welche tiefere Ursache seine Schwimmangst eigentlich hat. Um so aufschlußreicher dürfte die Kenntnis der Ursachen für den Unterrichtenden sein sowie für diejenigen Personen, die dem Nichtschwimmer helfen wollen. Die Kenntnis nämlich bietet die Möglichkeit, die Ursache der Angst aus der Lernsituation zu beseitigen oder sie zumindest einzuschränken. Im Fall solcher erkennbarer konkreter Ursachen sprechen Psychologen eher von *Furcht* als von Angst. Furcht läßt sich nach ihren Ursachen im Hinblick auf Anfängerschwimmen unterscheiden, etwa in

- Furcht vor dem sichtbaren Mißerfolg, vor der Blamage;
- Furcht vor dem Lehrer;
- Furcht vor Tiefe oder Weite des Wassers;
- Furcht vor dem Wasserschlucken;
- Furcht vor der Bedrohung durch das Wasser.

Die *Furcht vor der Blamage* führt häufig dazu, daß überhaupt der Nichtschwimmerzustand Kollegen und Bekannten, ja sogar Freunden und Verwandten schamhaft verschwiegen wird. Dementsprechend meidet der Nichtschwimmer lieber Situationen wie Freibadbesuche, Badeurlaub oder Wassersport, in denen sich sein Nichtschwimmertum scheinbar peinlich offenbaren muß. Dazu zählt natürlich auch der Schwimmunterricht, dessen Besuch unter Umständen an dieser Schamhaftigkeit scheitert. Je weniger Aufhebens die soziale Umgebung von der Tatsache seines Nichtschwimmenkönnens und von seiner Teilnahme am Schwimmkurs macht, desto geringer empfindet der Nichtschwimmer das Risiko eines möglichen Mißerfolgs. In der Unterrichtsgruppe gleichaltriger Nichtschwimmer verringert sich seine Furcht zusehends. Wenn der Anfängerunterricht ihn zudem nur vor lösbare Aufgaben stellt, so verringert dies zusätzlich seine Furcht vor Mißerfolg. Einzelunterricht anstelle des Schwimmenlernens in der Gruppe sollte erst als letzte Möglichkeit ins Auge gefaßt werden.

Nicht selten weiß der erwachsene Schwimmschüler um seine allgemeine körperliche Ungeschicktheit. Er befürchtet, daß sie ihm bei den Schwimmbewegungen Schwierigkeiten bereiten und ihm Spott eintragen könnte. Die beste Hilfe bietet hier ein rechtzeitig den Schwimmstunden vorgeschaltetes Gymnastikprogramm.

Die *Furcht vor dem Lehrer* dürfte für Kinder stärker zutreffen als für Erwachsene. Sie geht gern mit der Überforderung durch den Lehrer einher oder mit dessen zu energischem Unterrichtston. Erfahrungsgemäß bauen auch sehr gezielte Anweisungen des Lehrers Furcht oder Angst nicht ab, sondern erhöhen sie eher. Im Gegenteil, die Aufforderung zur ‹strammen› Haltung bewirkt zusätzliche Muskelanspannung und verhindert die wünschenswert einfühlsamen Bewegungen im Wasser. Aber auch dann, wenn der Unterrichtston nicht übertrieben energisch ist, können eine fehlerhafte Unterrichtsmethode und die in ihrer Folge unbewältigten Schwierigkeiten zur Furcht vor dem Lehrer führen. Gelingt es dem Lehrer überhaupt nicht, sich auf seinen Schwimmschüler einzustellen, so ist ein Lehrerwechsel in Betracht zu ziehen.

Furcht vor Tiefe oder Weite des Wassers: Diese Formen der Furcht mögen sich zwar schon in einer gewissen Scheu vor dem Wasser während der gesamten Nichtschwimmerzeit und während der Anfängerübungen bemerkbar machen. Deutlich erkennbar werden sie jedoch erst in besonderen Situationen.

Die Furcht vor der Tiefe bricht dann durch, wenn der Anfänger im

Flachbecken schwimmen gelernt hat und sich erstmalig im tiefen Wasser bewähren soll. Er schwimmt ordentlich, solange er stehtiefen Grund unter sich weiß; er scheint seine Schwimmfertigkeit vollständig zu vergessen, sobald er sich der fehlenden Standmöglichkeit im Tiefwasser bewußt wird. Deshalb weigert er sich meistens von vornherein, überhaupt in das Schwimmerbecken hineinzusteigen.

Wie von jeder bewußten Täuschung muß man abraten, den Schwimmschüler zu überlisten, indem man ihn vom Flachteil eines Beckens oder Seeufer starten läßt und ihn dann in seiner Unkenntnis der Bodenverhältnisse ins Tiefwasser hineinschwimmen läßt. Es ist zu erwarten, daß der so Getäuschte weder auf diese Weise seine Furcht verliert, da er ja nur infolge seiner Unkenntnis im Tiefen schwamm, noch daß er seinem listigen Helfer Dankbarkeit entgegenbringen wird.

Als günstiger hat sich vielmehr erwiesen, den ‹tiefenfurchtsamen› Schwimmer zunächst so dicht am Beckenrand entlang schwimmen zu lassen, daß er sich jederzeit an der Rinne festhalten kann. Der nächste Schritt besteht aus dem Schwimmen ‹über Eck›, das heißt, er schwimmt die Beckenecke nicht parallel zu den Wänden aus, sondern kürzt die Strecke diagonal ab. Die Abkürzungen vergrößern sich, so daß nach und nach längere Strecken freien Schwimmens im Tiefwasser zustande kommen. Eine Aufsichtsperson auf dem Beckenrand bietet ständig zusätzliche Sicherheit.

Längere Strecken in der Beckenmitte können solange unter Mitnahme eines Auftriebsgeräts wie Schwimmbrett, Rettungsball, Reifen oder ähnlichem zurückgelegt werden, bis der Schwimmschüler ihrer zu seiner Sicherheit nicht mehr bedarf. Ohnehin hat er das Gerät nicht an seinem Körper befestigt, sondern schiebt es vor sich her. Noch zweckmäßiger ist ein Begleitschwimmer in unmittelbarer Nähe, der das Gerät mitnimmt.

Gespräche über Schwimmen im Tiefwasser dienen dazu, dem Furchtsamen bewußt zu machen, daß er diese Aufgabe mit seinen Mitteln durchaus zu bewältigen vermag: Was passiert zum Beispiel, wenn er mitten im Becken müde wird? – Er holt tief Luft, legt sich auf den Rücken, paddelt leicht mit Händen und Füßen und ruht sich dabei aus.

Die *Furcht vor der Weite des Wassers* äußert sich in der Unfähigkeit des Schwimmschülers, auf eine weite offene Wasserfläche hinauszuschwimmen. Aber auch schon die Ansicht der verhältnismäßig kleinen

Fläche eines Frei- oder Hallenbads flößt ihm Furcht ein und lähmt seine Glieder. Vielleicht spielt die Vorstellung eine Rolle, daß er die weite Strecke nicht schafft, ohne müde zu werden, und dann hilflos ist. Sobald er sich umdreht und den Beckenrand oder das Ufer vor sich sieht, faßt er wieder Selbstvertrauen, und seine Fähigkeit kehrt wieder, die gelernten Schwimmbewegungen anzuwenden.

Es kommt in Fällen dieser Furcht darauf an, dem Anfänger greifbare Ziele vor Augen zu stellen. Das beginnt in unserem Anfängerlehrgang bereits beim Gleiten (vgl. Seite 62).

Der weitenfurchtsame Schüler weigert sich, aus dem Abstoß von der Wand zur Beckenmitte hinzugleiten. Sobald dort der Lehrer oder ein anderer vertrauenswürdiger Partner steht und ihm die Hände hinstreckt, tritt die Furcht nicht in Erscheinung. Allerdings kommt es vor – und das ist möglichst früh zu überprüfen –, daß der Gleitende noch nicht die Bewegungstechnik beherrscht, um aus der waagerechten Körperlage des Gleitens wieder sicher in den senkrechten Stand zu gelangen. Bei dem Versuch, sich hinzustellen, stoßen die Füße in spitzem Winkel auf den Beckenboden, rutschen weg; der sich aufrichtende Anfänger fällt nach vorn ins Wasser zurück und schluckt womöglich Wasser. Unter Umständen wiederholt sich dieser Vorgang unmittelbar nacheinander und löst Panik in dem Betroffenen aus – eine Erscheinung, die bei erwachsenen Nichtschwimmern zu beobachten ist, insbesondere bei körperlich ungeschickten Menschen (vgl. Seite 29).

Neben den Gymnastikübungen zur Ausprägung des Widerstandsempfindens gegenüber dem Wasser muß das Aufstehen und Hinstellen regelrecht gelernt werden: Die vorgestreckten Arme drücken mit abwärts gerichteten Handflächen nach unten. Gleichzeitig hocken die Beine an, und der Kopf legt sich in den Nacken. Auf diese Weise wird der Körper in die Senkrechte gedreht. Jetzt brauchen nur noch die Beine ausgestreckt zu werden, und der sichere Stand ist hergestellt.

Ansonsten läßt sich die Furcht vor der Weite nur durch allmähliche Verlängerung der Schwimmstrecken nehmen. Das Ende der jeweiligen Strecke markiert ein deutlich sichtbares, greifbares Ziel. Ähnlich wie in Fällen der Tiefenfurcht muß dem Lernenden die eigene Schwimmfähigkeit bewußt gemacht werden, und alle möglichen Zwischenfälle der Ermüdung, des Wasserschluckens usw. sollten samt den zugehörigen Bewältigungsmaßnahmen gedanklich durchgespielt werden.

Die *Furcht vor dem Wasserschlucken* bezieht sich auf das unangenehme Erlebnis, einatmen zu wollen und statt dessen Wasser zu schlucken – genauer gesagt: Wasser einzuatmen. Das Eindringen von Wasser in die Atemwege ruft normalerweise einen Hustenreiz hervor, der sich unter Umständen zu heftigem Brechreiz steigert. Damit verbindet sich stets eine akute Atemnot, die wegen der verhältnismäßig hilflosen Situation im Wasser als lebensbedrohlich empfunden wird und vereinzelt sogar bei ausgezeichneten Schwimmern vorkommt. Während der Olympischen Spiele 1960 in Rom mußte sogar die Endlaufschwimmerin Carolyn Wood als Goldmedaillenanwärterin wegen eines solchen Wasserschluckens aufgeben.

Hat ein Anfänger einmal auf diese Weise Wasser geschluckt, so hindert ihn allein die Vorstellung, daß sich der Vorgang wiederholen könnte, daran, den Kopf ins Wasser zu legen und auszuatmen. Den besten Schutz gegen einen derartigen Vorfall bietet natürlich die richtige und beherrschte Atemtechnik (vgl. Seite 57 f und 82). Dringt dennoch Wasser ein, so befreit ein willkürlicher Hustenstoß die Luftwege vom Wasser. Man kann das üben, indem man tief aus der Kehle ein kräftiges «achch» herausprustet.

Die *allgemeine Furcht vor der Bedrohung durch das Wasser* kann aus der Vorstellung des Ertrinkens herrühren; sie ist naturgemäß bei Erwachsenen ausgeprägter als bei Kindern. Vorangegangene unangenehme Erlebnisse mit dem Wasser können diese Furcht ausgelöst haben: Der Nichtschwimmer ist unbeabsichtigt ins Wasser gefallen oder gestoßen worden; der Schwimmunterricht fand in sehr kaltem Wasser statt oder erzwang Untertauchen des Kopfes; der Schwimmschüler rutschte aus oder glaubte, unter Wasser aus Luftmangel zu ersticken. Situationen, in denen Wasser unangenehm oder beängstigend erlebt wurde, müssen nicht unbedingt im frühen Kindesalter liegen, um langfristig Furcht auszulösen.

Außer persönlichen Erfahrungen kann auch die Wiedergabe von Ertrinkungsfällen, Flutkatastrophen, Schiffsuntergängen, Wassertieren in Erzählungen, Film oder Fernsehen, als Märchen oder bildhafte Darstellung derart tief beeindrucken, daß sich die gewiß in den meisten Menschen latent vorhandene Furcht unangemessen steigert. Ein Beispiel dafür ist der Film «Der weiße Hai», nach dessen Besuch sogar Schwimmer dazu neigen, ihr Bade- und Schwimmverhalten zumindest in natürlichen freien Gewässern einzuschränken. Um so mehr trifft das für den kindlichen Nichtschwimmer zu.

Dieses Beispiel zeigt allerdings auch, daß solche Erlebnisse wohl dann die größten Hemmungen hervorrufen, wenn sie unverarbeitet bleiben, also nicht durch Gespräch, Einsicht oder positive Erfahrungen mit Wasser aus der Übersteigerung in ein normales Verhältnis überführt werden.

Nicht selten spielt eine übertriebene Vorsicht der Mutter eine gewichtige Rolle, wenn sie unter dramatischer Schilderung möglicher Gefahren ihr Kind immer wieder davor warnt, zu nahe an das Wasser heranzugehen. So fällt beispielsweise auf, daß überdurchschnittlich viele erwachsene Nichtschwimmer einen Elternteil haben, der ebenfalls nicht schwimmen kann.

Andererseits ist ein übertriebener elterlicher Ehrgeiz, der zu früh das Kind als hervorragenden Schwimmer sehen möchte, nicht selten Quelle der Schwimmangst des Lernenden. Sowohl die Häufigkeit der Wasserübungen als auch deren Schwierigkeit bringen Fehlleistungen, Mißerfolg und Unlust mit sich. Die ehrgeizigen Eltern reagieren ihrerseits enttäuscht und unmutig, so daß das Kind alles, was mit Wasser und Schwimmenlernen zusammenhängt, als bedrohlich für sein Verhältnis zu den Eltern empfindet.

Während sich die bisher genannten Ursachen durch Beobachtung und Gespräche mit demjenigen Anfänger offenbaren, der schon in irgendeiner Weise unangenehme Vorerfahrungen gemacht hat, erklärt sich der häufigste Grund für die allgemeine Furcht vor dem Wasser während der ersten Schwimmstunden aus mangelnder Gewöhnung an den Aufenthalt im Wasser (vgl. Seite 38 f). Neben den neuen Bewegungsreizen, die von den geforderten Übungen des Schwimmunterrichts herrühren, erregen die teilweise ungewohnten Eigenschaften des Wassers das menschliche Nervensystem. Folge der hochgradigen nervlichen Erregung ist eine Anspannung großer Teile der Körpermuskulatur. Außerdem löst die Vielzahl der ungewohnten Reize Angstgefühle aus.

Da jedoch weder hohe Muskelspannung noch Angst günstige Voraussetzungen für motorische Lernvorgänge bieten, sollte alles darangesetzt werden, Spannung und Angst zu verringern. Aus diesem Grund findet heute der Anfängerschwimmunterricht normalerweise in einem überschaubar kleinen Bassin mit hüft- bis brusthohem, warmem Wasser statt. Die ruhige Umgebung, die Überschaubarkeit des Beckens, die angenehme Temperatur und eine allmähliche Wassergewöhnung

tragen zur Reduzierung von Furcht vor dem Wasser und von Muskelspannung erheblich bei. Die erfolgreiche Bewältigung angemessener,
nicht zu schwieriger Aufgaben, Lob und Anerkennung steigern den
Wunsch, schwimmen zu lernen, und vermindern die Tendenz, dem
Unterricht auszuweichen oder ihn aufzugeben.

Persönlichkeitsbedingte Angst beim Schwimmenlernen: Wenn trotz
aller Bemühungen ein Nichtschwimmer keinerlei Fortschritte zeigt
und sich keine der erwähnten Ursachen entdecken läßt, dann ist in Er-
wägung zu ziehen, daß es sich um einen persönlichkeitsbedingt ängstlichen Menschen handelt, also um einen Menschen, der auch in anderen Lebensbereichen und -situationen überdurchschnittliche Angst
hat. Nordamerikanische Untersuchungen besagen, daß dieses Persön-
lichkeitsmerkmal der Angst besonders bei jenen auftritt, die trotz des
Besuchs mehrerer Schwimmkurse nicht schwimmen lernten. Den besten Erfolg zeigten diese grundsätzlich ängstlichen Schwimmanfänger,
wenn es ihnen gelang, sich zu entspannen. Entsprechend dienten die
ersten Zeitanteile der Schwimmstunden bzw. die gesamten ersten Unterrichtsstunden lediglich der Entspannung im Wasser und enthielten
zunächst noch keine Schwimmübungen.
Während sich Kinder, bis zu einem gewissen Maß sogar ängstliche
Kinder, durch Spiele ablenken und sozusagen spielend in den Zustand
der Entspannung überführen lassen, benötigen Jugendliche und insbesondere Erwachsene die Beteiligung ihres Bewußtseins. Die Beherrschung einer Entspannungs- oder Desensibilisierungstechnik auf dem
Land, zum Beispiel des autogenen Trainings oder des Yoga, verkürzt
die notwendige Vorbereitungszeit bis zum Eintritt in den eigentlichen
Schwimmlehrgang und erhöht die Erfolgsaussicht. Im Wasser eröffnet
regelmäßiges und gleichmäßig mitteltiefes Atmen den Einstieg in den
gewünschten Entspannungszustand. Es kommt darauf an, diese Form
der Atmung nicht nur in Ruhe, sondern auch während langsamer Bewegungen am Ort und später unter Ortsveränderung im Wasser beizu-
behalten. Wohlgemerkt, dies zielt noch nicht auf die Ausatmung unter
Wasser oder die Atmung für das Brustschwimmen ab, vielmehr wird
wegen der überdurchschnittlichen Ängstlichkeit die Angstreduzierung
im Wasser auf dem Wege der Entspannung gesucht.
Guter Anfängerunterricht kennt auch andere Hilfen für den Abbau
von Überängstlichkeit. Der Halt an stationären Hilfen wie Einstiegsleiter, Beckenrinne, Trennseil oder die sichernde Partnerhilfe, der

Motivation   35

Körperkontakt mit dem Lehrer oder die am Körper befestigte Auftriebshilfe schränken die Angst ein und lassen dennoch schwimmerische Bewegungsabläufe im Wasser zu. Für manchen Schwimmschüler
mögen sie sogar die einzige Voraussetzung sein, unter der er sich
überhaupt ins Wasser hineinwagt. Gerade sie verstärken seinen
Wunsch, schwimmen zu lernen, soweit, daß er ein kleines Überge-
wicht gegenüber der Fluchttendenz erhält und somit den ersten Schritt
ins Wasser wirklich unternimmt. Manchmal benötigt ein sehr ängstlicher Anfänger einige Stunden, in denen er anderen Schwimmanfängern zuschaut, ehe er den Mut zum ersten Schritt ins Wasser findet.
Es darf nicht übersehen werden, daß die erfolgreichen Bewegungsver-
suche im Wasser zu weiteren Schwimmübungen um so mehr antrei-
ben, je stärker die eigene Initiative dahintersteht. Neben dem Erlebnis des selbst verursachten Erfolgs spielt aber auch eine wichtige Rolle, daß das Wasser als angenehm empfunden wird oder zumindest als
nicht unangenehm, bedrohlich, verspannend. Die Verbindung von
Freude am eigenen Erfolg mit dem Spaß am Wasser gewährleistet am
ehesten eine überdauernde Motivation für Schwimmen und Wassersport. In diesem Zusammenhang läßt sich verstehen, weshalb die meisten Sportpädagogen bevorzugen, die Anfänger auf dem Wege vielfäl-
tiger Bewegungsaufgaben und -erfahrungen (Wassergewöhnung und
Wasserbewältigung) unter Verzicht auf Auftriebshilfen zum
Schwimmmen zu führen.

Grundsatzlehrweise

Was soll ein vernünftiger Weg zum Schwimmenlernen leisten?
- Er vermittelt Sicherheit im Wasser, weil seine Schritte durchschaubar sind und sein stufenweiser Erfolg spürbar wird.
- Er macht unabhängig von Hilfsgeräten und Menschen, die den Nichtschwimmer an der Wasseroberfläche halten.
- Er läßt genügend Zeit, neue Übungen auszuprobieren und gelernte Bewegungen zu wiederholen.
- Er enthält keine unangemessen schwierigen Aufgaben und verlangt keine gefährlichen ‹Mutproben›; es kann nicht das Ziel sein, in wenigen Stunden einen ‹perfekten Schwimmer› auszubilden.
- Er bereitet Spaß am Wasser, indem er neben den (zunächst) unangenehmen auch dessen angenehme Eigenschaften erfahren läßt.
- Er mündet in die Fähigkeit, sich beliebig lange an der Wasseroberfläche zu halten und dahin zu schwimmen, wohin man möchte.

Wie sieht ein vernünftiger Weg zum Schwimmenlernen aus?
Ein vernünftiger Weg zum Schwimmenlernen geht Schritt für Schritt die einzelnen Schwierigkeiten an, die den Nichtschwimmer von der Schwimmfähigkeit fernhalten.
Liegen die Schwierigkeiten zunächst darin, sich an die Besonderheiten des Wasseraufenthalts zu gewöhnen, so gilt es auf der nächsten Stufe, die besonderen Eigenschaften des Wassers gerade zum Schwimmenlernen zu nutzen. Dementsprechend gliedert sich der Weg zum Schwimmenlernen in drei große Abschnitte:

- die Wassergewöhnung,
- die Wasserbewältigung und
- die Aneignung der Schwimmbewegungen.

Wesentliches Kennzeichen eines solchen Wegs ist, daß er jede neu auftretende Schwierigkeit erst dann an den Anfänger heranführt, wenn die vorhergehende weitgehend bewältigt worden ist. Daraus ergibt sich, daß der Lernende in der nächsten Aufgabe neben der neuen Anforderung immer auch zugleich auf etwas Bekanntes, etwas schon Gelerntes, stößt. Außer der Tatsache, daß die Anzahl der vorhandenen Schwierigkeiten mit jedem Lernvorgang abnimmt, gewinnt der Schwimmanfänger auf diese Weise zunehmendes Vertrauen in seine Fähigkeit, das Schwimmen doch (noch) zu lernen. Man kann sich gut vorstellen, daß umgekehrt das Scheitern an vielen gleichzeitig auftretenden Schwierigkeiten zur Resignation führt.

Wassergewöhnung

An welche Besonderheiten des Wassers muß sich
der Nichtschwimmer gewöhnen?
Zunächst dringt Wasser in Mund, Nase und Ohren, sobald man mit dem Kopf unter die Wasseroberfläche gelangt. Während das Wasser nur Teile des äußeren Gehörgangs benetzt und lediglich das Hörempfinden für Geräusche außerhalb des Wassers einschränkt, heißt es den Mund zu schließen, wenn es unter Wasser geht. In die Nase kann Wasser nur dann hineingelangen, wenn der Mund geöffnet oder sogar eingeatmet wird. Bei Untertauchen mit angehaltenem Atem und geschlossenem Mund kann Wasser nur in Rückenlage in die Nase eindringen. Deshalb hilft in der Rückenlage nur das gleichmäßige Auspusten der Luft durch die Nase. Wenn die Luft ausgeatmet ist, sollte sich das Gesicht über dem Wasserspiegel befinden, damit bei plötzlicher Atemnotwendigkeit kein Wasser eingesogen wird.

Ein kleines Problem für sich ist die unmittelbare Berührung der Augen mit dem Wasser. Ist die Umspülung des geöffneten Auges vom sauberen Wasser in dieser direkten Form schon ungewohnt genug, so treten im Schwimmbad die Reize von chemischen Badewasserzusätzen wie Chlor, Kupfersulfat u. a. hinzu. Während das Baby bei seinem ersten Unterwasseraufenthalt seine Augen sperrangelweit aufreißt, versucht es nach kurzer Zeit, sie im Wasser durch Schließen zu schützen. Der heranwachsende Mensch schließt normalerweise reflektorisch die Augen, sobald sie mit körperfremder Flüssigkeit in Berührung kommen. Dieses Verhalten verhindert die Orientierung im Wasser und trägt zur Unsicherheit des Nichtschwimmers erheblich bei.

Die *Dichte* des Wassers setzt allen Bewegungen größeren Widerstand entgegen als Luft. Sie behindert Laufen und Gehen im Wasser, bremst insbesondere schnelle Bewegungen und erfordert einen verhältnismäßig großen Kraftaufwand sogar für Bewegungen, die nicht gegen die Schwerkraft erfolgen. Bei Verlust des Gleichgewichts, etwa wenn man stolpert oder umstürzt, kann man sich nicht so leicht abfangen und wieder aufrichten.

Bei Verlust des Gleichgewichts hebt zudem der Auftrieb des Wassers den menschlichen Körper an. Je nach Schwerpunktlage treibt der Ober- bzw. Unterkörper zur Wasseroberfläche auf, so daß es sogar im flachen Wasser schwierig sein kann, auf Anhieb die Füße auf den Boden zu setzen und sich aufrecht hinzustellen.

Der gänzlich Wasserungewöhnte empfindet ähnlich wie die Dichte eine weitere Eigenschaft des Wassers als unangenehm: den *Druck*. Er ist einen Meter unter der Wasseroberfläche um ein Zehntel größer als der Luftdruck und lastet auf dem gesamten Körper, insbesondere auf dem luftgefüllten Brustkorb. Wenn man den Wasserdruck auch dort nicht gesondert empfindet, so vermag er anfänglich doch das Gefühl einer gewissen Bedrückung auszulösen. Außerdem erfordert er bei jeder Einatmung größere Kraft.

Der Temperaturunterschied von Luft zu Wasser fällt für den Schwimmanfänger heute nicht mehr so sehr ins Gewicht, da das meistens erwärmte Wasser der Schwimmbäder nur bei langem Wasseraufenthalt und fehlender Bewegung einen störenden *Kältereiz* auf den Menschen ausübt. Kommt es dennoch häufig zu Kälteempfindungen, so bleiben sie dem Anfänger als unangenehme Erfahrung des Wassers haften. Auf jeden Fall stören sie die Ausführung ruhiger und kontrollierter Bewegungen, wie sie für das Schwimmenlernen zweckmäßig sind.

Frieren tritt vor allem dann auf, wenn zwischen den Schwimmversuchen häufige und längere Verweilpausen mit nassem Körper an Land eingeschoben werden. Das gleiche gilt für den Anfänger, wenn er längere Zeit im Wasser steht und sich sein Oberkörper über dem Wasserspiegel befindet. In diesen Fällen verdunstet das am Körper haftende Wasser in der wärmeren Luft und kühlt die Haut erheblich aus.

Eine Erfahrung steht am Beginn des gesamten Schwimmlehrgangs. Genau betrachtet, bildet sie sogar die wichtigste Voraussetzung für erfolgreiche Wassergewöhnung: Man muß sich zunächst vergewissern, wo man festen Grund unter den Füßen findet und in welcher Tiefe man sich noch sicher bewegen kann.

Das besagt eigentlich zweierlei:

1. Anfängerschwimmen sollte, wenn immer möglich, in flachem Wasser stattfinden.
2. Bei den ersten «Spiel- und Übungsformen zur Wassergewöhnung» muß der Anfänger erkunden, wie tief das Wasser ist, in dem er sich aufhält.

Es ist offensichtlich, daß diese Erfahrung nur vorübergehend ihren Zweck erfüllen soll, dem Anfänger während des Schwimmenlernens die Angst vor dem Ertrinken zu nehmen. Dagegen behalten die Erfahrungen mit der Flüssigkeit, der Temperatur, dem Auftrieb und dem Widerstand des Wassers auch für den guten Schwimmer ihre Bedeutung. Nichtsdestoweniger ist die Erfahrung des Flachwassers psychologisch äußerst wichtig, wenn auch die ersten Schwimmstunden Spaß bereiten sollen.

Wie und mit welchen Übungen
kann man sich an das Wasser gewöhnen?

Grundsätzlich eignen sich zur Wassergewöhnung alle bekannten Bewegungsformen und Spiele, bei denen der Bodenkontakt und die aufrechte Körperstellung – zumindest mit dem Kopf nach oben – in etwa erhalten bleiben. Es lassen sich also alle denkbaren Formen des Gehens, Laufens und Hüpfens sowie alle Abschlag- und Ballspiele vom Land auf das flache Wasser übertragen. Die Wassergewöhnung ist eigentlich nichts anderes als die beinahe passive Anpassung des Körpers, der Sinne sowie der damit verbundenen Gefühle und Gedanken an die Gegebenheiten des Wassers. Dementsprechend nimmt das Ausmaß der Wassergewöhnung mit der Anzahl und Zeitdauer der Wasseraufenthalte zu, die nach und nach nicht mehr unangenehm empfunden werden.

Um den Schwimmschüler trotz dieser Anpassungsnotwendigkeit selbst tätig werden zu lassen, greift man zunächst auf landtypische Bewegungen zurück und verlegt sie in das *flache*, das heißt hüft- bis brusthohe Wasser. Den Bewegungsformen und Spielen im Wasser kommt dabei eine dreifache Aufgabe zu:

Spiel- und Übungsformen 41

- Sie sollen etwas Bekanntes, etwas Gekonntes in der ansonsten verunsichernden und gewöhnungsbedürftigen Umgebung darstellen.
- Sie sollen durch lebhafte Bewegung Auskühlen und Frieren verhindern.
- Sie sollen den Nichtschwimmer soweit in Anspruch nehmen, daß er von den – zunächst als unangenehm empfundenen – Begleiterscheinungen des Wasseraufenthalts abgelenkt wird.

Spiel- und Übungsformen zur Wassergewöhnung

Wie kann ich mich schon zu Hause an das Wasser gewöhnen?
Wie kann ich mich auf das Schwimmenlernen vorbereiten?

- Im gut gefüllten Waschbecken mit nassem Waschlappen oder Schwamm Wasser gegen das Gesicht drücken.
- Mit beiden Händen Wasser ins Gesicht schöpfen.
- Hände auf dem Waschbeckenrand abstützen, später auf den Rücken legen: Gesicht wiederholt kurz ins Wasser eintauchen; mit dem Mund ins Wasser blasen.
- Beim Duschen Wasser vor allem über Kopf und Gesicht laufen lassen; auch Handdusche benutzen.
- Beim Duschen Temperatur wechseln (Wechselduschen).
- In der Badewanne (ohne Badezusatz!) Gesicht und Kopf untertauchen.
- Gesicht untertauchen und Luft anhalten; dabei Sekunden zählen (siehe Foto rechts).
- Für kleine Kinder: Liegestütz auf dem Arm der Mutter; Körper strecken und aufstützen mit den Händen in Bauch- und Rückenlage (siehe Foto Seite 42 oben).

- Liegestütz in Bauchlage mit Eintauchen des Gesichts; dann flüchtiges Lösen der Hände vom Boden und wieder Aufstützen.
- Liegestütz in Rückenlage mit Auflegen des Kopfes aufs Wasser; dann flüchtiges Lösen der Hände vom Boden und wieder Aufstützen (siehe Foto unten).
- ‹Schiffchen› treiben durch Ausblasen der Luft.
- ‹Spritzschlacht›.

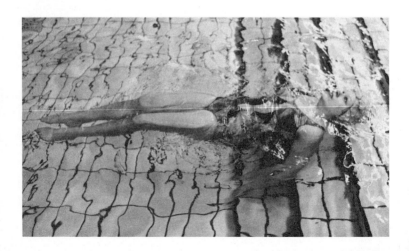

Spiel- und Übungsformen 43

Wie gehe ich ins Wasser (Einstiege)?
- Über Treppenstufen ins Lehrbecken: Hineinsetzen und vom Sitz auf der oberen Stufe nach und nach tiefer setzen.
- Über Treppenstufen des Lehrbeckens: Hineingehen mit Handfassung am Rand oder frei durch die Mitte, bis das Wasser zur Brust reicht.
- Hineinklettern über die Einstiegsleiter des Schwimmbeckens; anschließend Erkundungsgang durch das Becken bis ins brusthohe Wasser mit oder ohne Festhalten am Beckenrand oder Partner.
- Hineinklettern oder -rutschen über den Beckenrand ins Wasser (siehe Foto oben).
- Hineinspringen fußwärts vom Beckenrand ins mindestens bauchhohe Wasser.
- Schnelles Hineinlaufen in flaches Wasser.

Wie bewege ich mich im Wasser?
- Zügiges Vorwärtsgehen: geradeaus, im Kreis, mit Richtungswechsel; ohne und mit Unterstützung der Hände im Wasser (siehe Foto Seite 44).
- Wettlaufen zu zweit oder mehreren.
- Hindernislaufen: um Partner, um stehende Gegenstände/Personen oder um schwimmende Gegenstände.
- Auf- und Niederhüpfen am Ort.

*Besonders geeignete
Landspiele im Wasser:*
- Stuhlgang
- Verkehrsschutzmann
- Tauziehen
- Lebende Brücke
- Entwischen
- Ausbrechen
- Pendelstaffel
- Bockspringen

*Geeignete Fang-
und Abschlagspiele:*
- Abschlagen
- Schwarzer Mann
- Schwarz – Weiß
- Komm mit – lauf weg!
- Fangen im Schneeballsystem

Geeignete Ballspiele:
- Tigerball
- Balltreiben
- Ball zuspielen
- Torwerfen
- Wasserkorbball
- Wasservolleyball

Wie stelle ich meine Wassergewöhnung fest (Test)?
1. Ich kann beim Duschen beliebig lange Wasser über Kopf und Gesicht laufen lassen. Wasserspritzer im Schwimmbecken machen mir nichts aus. Ich brauche nach Wasserberührung nicht ständig die Augen mit den Händen abzuwischen.
2. Ich kann zügig unter gleichzeitigen Handbewegungen durch das brusthohe Wasser gehen bzw. laufen.

3. Ich kann mich im Wasser ganz klein machen und auch den Kopf kurzfristig unter Wasser nehmen.

4. Ich kann mich im Liegestütz an der Wasseroberfläche ausstrecken
a) auf dem Bauch,
b) auf dem Rücken.

5. Ich kann unmittelbar hintereinander im Wechsel an der Oberfläche mit dem Mund ins Wasser ausatmen und kurz über Wasser einatmen:
a) zweimal,
b) dreimal,
c) fünfmal.

Wasserbewältigung

*Welchen Zweck erfüllt die Wasserbewältigung
für das Schwimmenlernen?*

Während sich der Nichtschwimmer durch die Wassergewöhnung an die Wassereigenschaften vorwiegend angepaßt hatte, soll die Wasserbewältigung dazu befähigen, diese Eigenschaften gerade im Hinblick auf Schwimmenlernen zu nutzen. Mit anderen Worten: Die durch Wassergewöhnung gesammelten Erfahrungen werden nun angewendet, um das Wasser nach und nach ‹in den Griff zu bekommen›.

Das In-den-Griff-Bekommen ist in diesem Zusammenhang sogar wörtlich zu verstehen, denn man vermag sich erst dann durch Schwimmen vorwärts zu bewegen, wenn man das Wasser ‹greifen›, es als Widerlager für alle Zug- und Abdruckbewegungen nutzen kann. Nutzbar soll auch die Erfahrung der Auftriebswirkung gemacht werden, um den Körper vom Wasser tragen zu lassen. Daß dabei zusätzliche Erfahrungen über Wasser und über das Verhalten des eigenen Körpers im Wasser gesammelt werden, ist selbstverständlich.

Aber im Gegensatz zur vorangegangenen Stufe der Wassergewöhnung gelingt die Wasserbewältigung nur mit Hilfe von Bewegungsformen und Aufgabenstellungen, die wassertypisch sind, das heißt die auf die Eigenschaften des Wassers abgestellt sind. Anstelle des Gehens durch das Flachbecken (Wassergewöhnung) steht jetzt die Aufgabe, sich mit Armen und Händen durch das Wasser zur gegenüberliegenden Beckenseite zu ziehen (Wasserbewältigung). Die Füße werden nicht mehr wie auf dem Land zur Vorwärtsbewegung eingesetzt, sondern stützen nur teilweise das Körpergewicht gegen den Boden ab und sichern das Gleichgewicht. Wichtiger ist, daß sich die Arme und Hände vom Wasserwiderstand für ihre Aufgabe abzudrücken lernen.

Welche besonderen Fähigkeiten braucht der Anfänger zur Wasserbewältigung?
Damit der Mensch die wesentlichen Wassereigenschaften zum Schwimmenlernen nutzen kann, sollte er folgende Fähigkeiten mitbringen oder entwickeln. Er muß lernen,

- den Widerstand des Wassers mit Hand- und Fußflächen zu empfinden, um ihn positiv zum Abdruck zu nutzen;
- das Gleichgewicht im Wasser zu halten und es nach Verlust wiederherzustellen;
- zu tauchen und zu springen;
- zu atmen (unter Wasser aus, über Wasser ein);
- zu schweben und zu gleiten.

Wieso ändert sich das Widerstandsempfinden im Wasser?
Als Landwesen ist unser Widerstandsempfinden vorwiegend auf feste Gegenstände der Umwelt eingestellt. Insbesondere für unsere Fortbewegung nutzen wir unnachgiebigen Boden, Wege, Treppen oder Straßen. Selbst eine Wiese oder der Waldboden beim Lauf bietet sich den Füßen verhältnismäßig fest dar. Muß man sich einmal mit Hilfe der Arme vorwärts ziehen beim Klettern oder Steigen, so bedient man sich der festen Widerlager von Geländern, Leitern oder Seilen, soweit die Muskelkraft reicht. Nicht so im Wasser: Das Wasser weicht ruckartigen, kraftvollen Bewegungen der Arme und Beine aus; Hände und Füße stoßen scheinbar ins Leere und vermögen den Körper weder zu halten noch ihn fortzubewegen.

Flüssigkeit und geringere Dichte des Wassers verlangen ruhige Bewegungen. Dabei drücken Innenhand und Fußsohle (Brustschwimmen) bzw. Fußrist (Kraulschwimmen) mit ihrer größtmöglichen Fläche gegen den Wasserwiderstand. Arme und Hände tragen im Wasser viel mehr zur Fortbewegung bei als an Land, wo uns die Beine vorwärts bringen. Trotzdem helfen auch im Wasser die Beine mit, aber ein Abstoß mit den Fußspitzen läßt sich nur vom festen Beckenboden verwirklichen. Der Abstoß vom Wasser, zum Beispiel beim Brust-

Gleichgewicht

schwimmen, verlangt große Flächen wie die ganze Fußsohle zuzüglich der Beininnenseiten. Außerdem geschieht er sozusagen in Zeitlupentempo. Gelingt allmählich der Einsatz der Gliedmaßen im Wasser wie oben beschrieben, so kommt der Rumpf ihnen nur langsam nach, weil das Wasser auch ihn mehr bremst als die Luft.
Dies alles ist Grund genug, die Sensibilität für den Wasserwiderstand zu entwickeln und die eigenen Bewegungen zweckmäßig daraufhin abzustellen.

*Welche Schwierigkeiten ergeben sich
mit dem Gleichgewicht im Wasser?*

Zwei Eigenschaften des Wassers erschweren es, das Gleichgewicht zu halten oder wiederzuerlangen. Einmal entlastet der Auftrieb den Körper und läßt ihn nicht mehr so schwer und fest senkrecht über den Füßen stehen. Ist der Körperschwerpunkt einmal nach vorn, hinten oder seitlich aus dem Gleichgewicht geraten, so wirkt der Auftrieb natürlich auch auf die entlasteten Beine und hebt sie vom Boden weg nach oben. Zum anderen hindert der erhöhte Widerstand des Wassers die Beine daran, sich so rasch wie an Land wieder unter den Körper zu stellen. Umgekehrt läßt sich der Schwerpunkt auch nicht so schnell verlagern, um beispielsweise aus der Vorlage des Oberkörpers gegen den Wasserwiderstand wieder über den Füßen ins Gleichgewicht zu gelangen. Weiß man diese Situation nicht mit Hilfe ruhiger Paddel- und Druckbewegungen der Arme zu bewältigen, so gerät man leicht in Panik und in Atemnot, weil jeder Aufstellversuch auf dem Beckenboden wegen der schrägen Körperstellung die Füße abrutschen läßt; Oberkörper und Kopf kippen immer wieder nach vorn ins Wasser. Mancher erwachsene Nichtschwimmer ist schon nach solch einem Erlebnis enttäuscht aus dem Anfängerkurs ausgeschieden, weil er zuvor nicht gelernt hatte, kontrolliert mit Gegendruckbewegungen der Hände den Körper wieder ins Gleichgewicht zu bringen. Außerdem muß er lernen, daß durch Anhocken der Beine (siehe Foto) die Füße

rasch unter den Schwerpunkt gelangen und das Gleichgewicht schneller wiederhergestellt werden kann.

Das kontrollierte Verlieren und Wiederfinden des Gleichgewichts muß natürlich in allen Richtungen geübt werden, also auch in die Rücklage und die Seitlagen.

Es ist leicht verständlich, daß ein Mensch erst dann bereit ist, den sicheren Halt des Beckenbodens vorübergehend zum Tauchen oder Schwimmen aufzugeben, wenn er die Gewißheit hat, die Füße wieder dorthin stellen zu können.

Die Herstellung des Gleichgewichts mit Hilfe der Armbewegungen kommt nach jedem Sprung, nach jedem Tauchvorgang, während und nach jeder Schwimmübung vor.

Wieso soll ein Anfänger tauchen können,
um schwimmen zu lernen?

Die Antwort auf diese Frage ist einfach: Nur wer sich bemüht, völlig unterzutauchen, wird feststellen, daß ihn das Wasser trägt. Der menschliche Körper sinkt nicht wie ein Stein zu Boden, sondern er wird aufgetrieben.

Diese Erfahrung trägt wesentlich dazu bei, die Angst vor dem Ertrinken zu verringern. Hinzu kommt, daß mit dem Tauchen zugleich das Augenöffnen unter Wasser angestrebt wird. Die offenen Augen ermöglichen die räumliche Orientierung unter Wasser. Nur dann kann der Schwimmschüler erkennen, wo die Treppenstufen nach oben führen, wie nah oder weit der Beckenrand entfernt ist, wo er Halt für seine Hände und Füße findet.

Die räumliche Orientierung unter Wasser gibt ein großes Sicherheitsgefühl. Findet man sich erst einmal unter Wasser einigermaßen zurecht, dann kann man auch kurzzeitig die Füße vom Boden lösen, um mit den Händen an der Einstiegsleiter oder an den Beinen eines Partners abwärts- und aufwärtszuhangeln.

Die Schwierigkeiten des Tauchens lassen sich in dieser Weise dreifach staffeln und nacheinander bewältigen:
1. Körper und Kopf unter Wasser nehmen.
2. Körper und Kopf unter Wasser nehmen und Augen öffnen.
3. Körper und Kopf unter Wasser nehmen, Augen öffnen und Füße vom Boden lösen.

Tauchen lernen

Wie kann ich das Tauchen am besten lernen?

Leichte Übungen (Untertauchen, Augen öffnen):
- ‹Gesicht waschen›, dabei Wasser mit den Händen ins Gesicht schöpfen.
- Gesicht ins Wasser tauchen, danach Wasser ablaufen lassen, ohne mit den Händen nachzuwischen.
- Duschen: Wasser betont über Kopf und Gesicht laufen lassen.
- Sich im Stand groß und klein machen, dabei allmählich immer tiefer abtauchen.
- Unter einem an der Wasseroberfläche liegenden Gegenstand hertauchen. Dieser kann den Arm eines Partners oder auch ein kleiner Stab sein (siehe Foto unten).
- ‹Feuerwehrpumpe›: Zwei Partner tauchen mit Handfassung abwechselnd unter.
- Tauchatmen: Gesicht oder noch besser Kopf untertauchen und Luft ins Wasser ausblasen.
- Abwärtshangeln mit den Händen an der Einstiegsleiter, an einem Stab oder an den Beinen des Partners (siehe Foto Seite 50 oben).

- Gegenstände aus dem Wasser holen, dabei Wassertiefe steigern. Gegenstände können sein: sinkendes Spielzeug, Gummiringe oder Steine in natürlichen Gewässern.
- Einen Gummiball auf den Grund drücken und ihn nach dem Loslassen wieder fangen («Ball springen lassen») (siehe Foto Mitte).
- Untertauchen mit Augenöffnen.
- Untertauchen mit Partner, sich dabei ansehen und Grimassen schneiden; durch Gesten verständigen (siehe Foto unten).
- Unter Wasser die Zahl der Finger zählen, die ein Partner zeigt (siehe Foto Seite 51).

Übungen

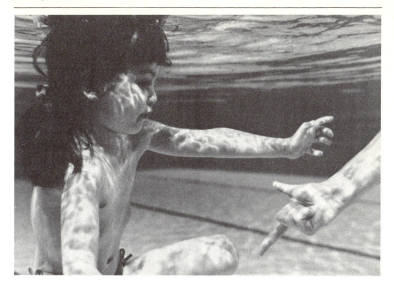

- Setzen auf den Grund in zunehmender Wassertiefe.
- Stützeln durch das flache Wasser mit Untertauchen von Hindernissen wie Arm des Partners, Stab oder Leine.
- ‹Eisenbahnspiel›
- ‹Köpfe weg›

Schwierige Übungen (Füße lösen, unter Wasser steuern):
- Heraustauchen mehrerer Gegenstände in einem Tauchgang (siehe Foto Seite 52 oben).
- Heraustauchen verschiedenfarbiger Gegenstände.
- Mit drei bis fünf Gegenständen (Steinen, Tauchringen) Figuren auf dem Beckenboden legen.
- Tauchen durch die gegrätschten Beine des Partners oder durch einen Reifen (siehe Foto Seite 52 unten).
- Untertauchen zweier bzw. mehrerer Hindernisse wie Stäbe, Reifen, Beine.
- Slalomtauchen um hintereinander gestellte Hindernisse in seitlichen Schlangenlinien.
- Tunneltauchen durch hintereinander gestellte Hindernisse (‹Tunnelfahrt›).

Tauchen

Übungen

- Delphinsprung: kopfwärtiges Abtauchen mit den Händen zum Grund nach Absprung mit den Füßen vom Grund.
- Fortlaufende Delphinsprünge.
- Gleitabstoß von der Wand mit anschließendem Abtauchen zum Grund.
- Rolle vorwärts: Drehen aus dem Absprung oder mit Hilfe von Kopfbewegung und Paddelbewegungen der Hände.
- Rolle rückwärts (s. o.).
- Fußsprung ins bauchhohe Wasser mit anschließendem Heraustauchen eines Gegenstands.
- Untertauchen nach Zeit mit Griff an der Überlaufrinne, an der Einstiegsleiter, am Partner oder an einem senkrechten Stab. Dabei Sekunden zählen oder an einer Uhr ablesen (siehe Foto oben).

Warum gehört zum Tauchen auch das Springen?
Unter Springen ins flache Wasser sind nur Fußsprünge zu verstehen; denn Kopfsprünge bei geringer Wassertiefe bedeuten Lebensgefahr. Ungeachtet der Tatsache, daß der Anfänger sich gar keinen Kopfsprung zutraut, ziehen Fußsprünge bereits die gewünschten Eintauchsituationen nach sich. Um diese Eintauch- und anschließenden Auf-

tauchsituationen geht es hier: Tauchen – Orientieren unter Wasser – Gleichgewicht herstellen – Hinstellen.

Dementsprechend wird nicht nur ein Sprung gelernt und sehr oft wiederholt. Wichtiger ist es, mehrere Sprünge in das Programm aufzunehmen und durch kleine Zusatzaufgaben leicht zu verändern, so daß jeweils eine etwas veränderte Tauch- und Gleichgewichtsanforderung bewältigt wird. Wie gesagt, der Zweck der Sprünge für den Anfänger liegt im nachfolgenden Tauchen. Deshalb ist bei geringer Wassertiefe durch kombinierte Aufgaben wie Sprung mit anschließendem Ergreifen eines Gegenstands vom Beckenboden der erwünschte Tauchvorgang auf jeden Fall sicherzustellen.

Daß derjenige, der das Schwimmen gelernt hat, später für das Erlernen des Startsprungs und verschiedener Sprünge vom Brett auf die Sprungerfahrungen seiner Anfängerzeit zurückgreifen wird, berührt die Zuordnung des Springens zum Tauchen zunächst nicht, zumal auch im Stadium des fortgeschrittenen Schwimmers nur der Tauchfähige Spaß am Springen empfinden wird.

Um bei den ersten Fußsprüngen vom Beckenrand ins flache Wasser keinen ‹Ausrutscher› zu erleben, beginnen wir aus der weiten Vorschrittstellung und lösen diesen Schritt nach vorn ins Wasser hinein wie bei einem Gehschritt. Dieser Schritt nach vorn gewährleistet weitgehend das Gleichgewicht in der Luft. Außerdem bringt er uns weit genug nach vorn ins Wasser, um Berührungen mit dem Beckenrand zu vermeiden. Bei der Vorschrittstellung vor dem Sprung greifen die Zehen des vorderen Fußes fest um die Beckenkante.

Eine häufig gestellte Frage ist, ob der Lehrer im Wasser stehen und dem Springenden die Hände reichen soll. Eine solche Maßnahme ist nur in Ausnahmefällen zweckmäßig, etwa bei Kindern unter dem sechsten Lebensjahr, bei Behinderten oder bei außergewöhnlich ängstlichen Schwimmschülern. Denn derartige Hilfen verstoßen letztlich gegen die oben erwähnte Zielsetzung des Tauchens, Orientierens und Gleichgewichtsteuerns.

Wenn sich in Ausnahmefällen scheinbare Unfähigkeit zum Sprung ins Wasser zeigt, läßt sich die Unsicherheit durch vorgeschaltete leichtere Übungen abbauen. Dazu eignen sich Federn, Hoch- und Niedersprünge im Wasser unter Festhalten der Beckenrinne, Sprünge aus dem Sitz auf dem Beckenrand und Fußsprünge vom Beckenrand unter Festhalten einer Stange oder einer Partnerhand, die während des gesamten Sprungs vom Beckenrand über Wasser gereicht wird.

Übungen 55

Auf welche Weise kann ich ins flache Wasser springen?

Leichte Sprünge:
- Auf- und Niederhüpfen mit Griff der Hände am Beckenrand.
- Auf- und Niederhüpfen im hüfthohen Wasser.
- Aus dem Sitz auf dem Beckenrand mit halber Drehung über den Bauch ins Wasser rutschen.
- Aus dem Hockstand ins Wasser hineinspringen mit Abstützen einer Hand auf dem Rand.
- Springen mit Hilfe eines Partners. Dieser hält im Wasser stehend die Hände des Springenden und baut die Hilfe allmählich ab (siehe Foto oben); er kann auch auf dem Rand stehen und durch Handhalten Hilfe geben.
- Sprünge aus dem Stand ins bauchhohe Wasser.

Schwierige Sprünge:
- Springen über einen Stab auf Höhe und Weite (siehe Foto links).
- Springen vom Grund über einen Stab mit Abstützen auf den Schultern zweier Partner.
- Verschiedene Fußsprünge erfinden wie Hocksprung, Paketsprung, Drehsprung, Zappelsprung, Laufsprung.
- Fußsprung mit sofortigem Untertauchen und Herausholen eines Tauchrings.
- Delphinspringen im hüfthohen Wasser: Hände tauchen zum Boden ab, Füße springen ab und drücken Hüfte nach oben. Kopf zur Brust!
- Delphinsprünge über Hindernisse im Wasser.
- Delphinsprung mit anschließendem Durchtauchen von Hindernissen.
- Flache Hechtsprünge aus dem Absprung vom Boden mit anschließendem Ausgleiten.
- Flache Gleitsprünge aus dem Sitz von einer unteren Treppenstufe oder Sitz auf dem Beckenrand mit Fußabdruck aus der Überlaufrinne. Hierbei muß das Wasser mindestens schulterhoch sein (siehe Foto rechts).

Atmung

Worauf ist bei der Atmung zu achten?

Grundsätzlich neigt man dazu, in allen schwierigen Situationen die Luft anzuhalten und in eingeatmetem Zustand zu verharren. Man kennt diese Reaktion, wenn man sich erschreckt oder unter die kalte Dusche geht. So verhält es sich auch, wenn der Schwimmanfänger eine schwierige Aufgabe zu bewältigen hat. Zunächst liegt also das Problem in der willkürlichen Ausatmung, die zudem in das Wasser hinein erfolgen müßte; denn während des Schwimmens sollte der Kopf nicht ständig über Wasser getragen werden. Nur zur Einatmung muß ohnehin der Mund vom Wasser freikommen, wobei sich der Kopf zu diesem Zeitpunkt anheben oder zur Seite drehen muß. Danach liegt das Gesicht wieder im Wasser.

Für den Anfänger kommt es demnach darauf an, in der unbehinderten Situation des Stehens oder Hockens im Flachwasser abwechselnd unter Wasser aus- und über Wasser einzuatmen. Ungewohnt sind zunächst der höhere Wasserwiderstand, gegen den die Luft ausgeblasen werden muß, und die aufsteigenden Luftblasen im Gesicht. Der Gewöhnungsvorgang an diese Störungen läßt sich aber mit Hilfe entsprechender Hausaufgaben im Waschbecken oder in der Badewanne beschleunigen.

Wegen des höheren Ausatemwiderstands des Wassers gegenüber der Luft kann der Schwimmschüler die Luft nicht in feinem Strahl auspusten. Vielmehr bildet er Blasen, indem er seine Lippen zu einem deutlichen «brrro . . .» formt. Wenn er diesem brrro-Laut des Munds zum Schluß den Buchstaben «n» anhängt, so bezieht die Ausatmung auch die Nase mit ein. Wer damit nicht zurechtkommt, sollte einmal versuchen, vollständig durch die Nase auszuatmen. Zur Einatmung hebt sich der Kopf nur so weit an bzw. dreht sich nur so weit zur Seite, bis der Mund knapp über den Wasserspiegel gelangt. Schon gegen Ende der Ausatmung muß der Kopf angehoben werden, damit der Mund wirklich schon frei ist vom Wasser, wenn die rasche, aber tiefe Einatmung beginnt. Übertrieben hohes Anheben des Kopfes oder gar des ganzen Oberkörpers ist mit zunehmender Übung und Sicherheit der Atmung allmählich einzuschränken.

Die Ausatmung sollte ungefähr doppelt soviel Zeit in Anspruch nehmen wie die Einatmung. Zwischen der Ein- und Ausatmung liegt ein kurzer Augenblick des Atemanhaltens. Als Ziel der Atemübungen in der Wassergewöhnung ist anzusteuern, daß der Anfänger einerseits mehrere Sekunden den Atem mit anschließendem Luftholen unter

Fortführung von Bewegungen anhalten kann, andererseits zur Einatmung nur kurz und knapp den Mund über den Wasserspiegel zu nehmen braucht. Selbstverständlich kommt es dann darauf an, diesen Atemrhythmus in mehrfacher Wiederholung ohne Unterbrechung zu bewahren.

Wie lerne ich die schwierige Ausatmung ins Wasser?

Leichte Übungen:
- Ein ‹Loch› in die Wasseroberfläche blasen.
- Gegenstände an der Wasseroberfläche durch Ausblasen treiben. Solche Gegenstände können sein: Schiffchen, Tischtennisbälle, Seifendosen, Luftballons (siehe Foto unten links).
- Ausblasen durch den Mund dicht an der Wasseroberfläche: Sprudeln (siehe Foto unten rechts)!
- Wie ‹Seelöwen› unter Wasser brüllen.
- Ausblasen ins Wasser nur durch den Mund: «brrr.»
- Ausblasen ins Wasser nur durch die Nase: «nnnh.»
- Stützeln durch das Flachwasser mit wiederholtem Ausatmen ins Wasser.
- Wiederholtes Untertauchen des Kopfs und langes Ausatmen unter Wasser im tiefen Hockstand; Luftblasen mit offenen Augen verfolgen, dabei auch Geräusche machen (siehe Foto Seite 59 links).
- Wechseltauchatmen mit dem Partner (siehe Foto Seite 59 rechts).

Übungen 59

Schwierige Übungen:
- Wiederholtes Ausatmen ins Wasser mit Griff der Hände am Beckenrand: Die ganze Ausatemluft muß unter Wasser abgegeben werden. Kein betontes Einatmen!
- Gehen durch das hüfthohe Wasser mit vorgelegtem Oberkörper, Hände liegen gefaltet auf dem Rücken: Ausatmen ins Wasser; zum Einatmen Kopf heben (Brustschwimmen) oder Kopf drehen (Kraulschwimmen).
- Stützeln durch das flache Wasser mit regelmäßigem Ausatmen ins Wasser. Zum Einatmen Kopf heben oder drehen.
- Wiederholtes Ausatmen als Wettbewerb: Wer kann das 3-, 5-, 10mal hintereinander?
- Vollständiges Ausatmen in Schwebelage an der Oberfläche, dadurch den Auftrieb überwinden und auf den Grund absinken.
- Einatmen, Gesicht eintauchen und Luft fünf bis zehn Sekunden anhalten, dann unter Wasser ausatmen.

Welche Aufgabe erfüllen das Schweben und Gleiten für das Schwimmenlernen?
Nach einer Einatmung und bei angehaltener Luft schwebt der Körper an oder knapp unter der Wasseroberfläche, wenn zuvor eine Bedingung erfüllt worden ist: Der Körper mußte gänzlich eingetaucht sein.

Diese Erscheinung ist im Zusammenhang mit dem Tauchen schon einmal angesprochen worden und erklärt sich nach dem Archimedischen Prinzip: Der statische Auftrieb eines Körpers gleicht dem Gewicht der von ihm verdrängten Flüssigkeitsmenge. Je mehr Wasser der menschliche Körper verdrängt, desto größer ist sein Auftrieb. Um möglichst hoch bis an die Wasseroberfläche aufgetrieben zu werden, muß der Schwimmschüler zuvor seinen Körper einschließlich des Kopfs unter Wasser tauchen. Wegen des günstigeren spezifischen Gewichts nimmt der Auftrieb zu, wenn zuvor die Lungen voll Luft gesogen worden sind.

Da sich der Anfänger häufig nicht auf Anhieb zutraut, seinen Körper ohne Hilfen schweben zu lassen, läßt sich der Weg in folgender Weise erleichtern: Er gelangt über die *Teilkörperschwebe* zur *Ganzkörperschwebe*. Die *Teilkörperschwebe* billigt dem Lernenden zu, daß er neben dem teilweisen Schweben seinen Körper teilweise noch abstützt. Dies ist beispielsweise beim Liegestütz vorlings (Bauchlage) oder rücklings (Rückenlage) im Wasser der Fall, wenn die Arme auf Treppenstufen den Körper zum Teil abstützen. Aber auch für solch eine Teilkörperschwebe gilt, zuvor die Schultern zum Stützen unter die Wasseroberfläche zu bringen und das Gesicht auf das Wasser zu legen (siehe Seite 42).

Unter Beachtung der Untertauchnotwendigkeit nach dem Archimedischen Prinzip lassen sich Übungen der Teilkörperschwebe natürlich auch an der Beckenrinne, an einem Treppengeländer, an der Einstiegsleiter, an einer Trennleine oder mit der Hilfe eines Partners durchführen. Entsprechend der Zielsetzung darf der Partner den Schwebenden nur nicht aus dem Wasser herausheben.

Der Übergang zur *Ganzkörperschwebe* erfolgt allmählich durch Verringerung oder zeitweilige Wegnahme der Stützen. So kann der Anfänger abwechselnd die rechte und linke Hand von der Treppenstufe fortnehmen und neben der Hüfte paddeln lassen, während er im Liegestütz schwebt. Bringt er das vorübergehend sogar mit beiden Händen gleichzeitig zuwege, schwebt sein Körper allein.

Als ideale Übung der Ganzkörperschwebe wird die ‹Hockqualle› angesehen (siehe Foto Seite 61 oben). Aus dem Hockstand mit Schultern unter dem Wasserspiegel werden nach tiefer Einatmung die Beine unter den Körper gehockt und mit beiden Armen fest umfaßt; gleichzeitig wird der Kopf zur Brust gebeugt und dort gehalten. Nach zwei bis drei Sekunden Auspendeln schwebt der Körper ruhig an der

Ganzkörperschwebe

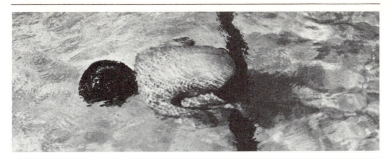

Wasseroberfläche: Je nach Einatemtiefe ragt der gewölbte Rücken teilweise sogar aus dem Wasser heraus; die Beine befinden sich unter dem Körperschwerpunkt und lassen sich jederzeit durch Strecken in den sicheren aufrechten Stand bringen.

Entscheidend ist, daß der Schwimmschüler erstmalig aus eigenem Vermögen schwebt oder – mit anderen Worten – (statisch) schwimmt. Streckt der Anfänger aus der ‹Hockqualle› Arme und Beine gleichzeitig aus, so gelangt er ohne Bodenberührung vorübergehend in die Bauchlage–Schwebe; aus der ‹Hockqualle› wird die ‹Streckqualle› (siehe Foto unten). Dem entspricht in der Rückenlage das Schweben als ‹Toter Mann› (siehe Foto Seite 62 oben).

Um zum Gleiten zu gelangen, wird dem Schweben in Bauch- und Rückenlage ein kräftiger Abstoß mit den Beinen vorangestellt. Am einfachsten ist es, sich mit dem Rücken vor die Beckenwand zu hocken, Gesicht und Arme nach vorn ins Wasser zu strecken und sich mit *einem* Bein von der Wand kräftig abzustoßen. Das andere Bein stützt den Körper am Boden ab bis zum Abstoß.

Auch beim Gleiten ist wieder darauf zu achten, daß vor dem Abstoß die Schultern unter Wasser liegen und das Gesicht nach einer tiefen Einatmung ebenfalls ins Wasser gelangt. Ragen dagegen Kopf, Schultern oder sogar der ganze Oberkörper während des Abstoßes aus dem Wasser oder richtet sich der Abstoß schräg nach oben statt nach vorn, dann sinkt der Körper nachfolgend tief unter die Oberfläche – er gleitet nicht.

Gleiten läßt sich auch nach einem Abstoß von der Treppe oder aus der Schrittstellung vom Beckenboden üben. Für den Abstoß in Rückenlage werden die Arme neben die Oberschenkel gelegt und die Hüfte zur Oberfläche gebracht. In gleicher Höhe setzt auch ein Bein zum Abstoß gegen die Wand an (siehe Foto links).

Zu Beginn der Gleitübungen fördert es die Sicherheit des Schwimmschülers, wenn er auf einen Partner oder auf den Beckenrand als Ziel zugleitet. Der Partner hält dem Übenden seine Hände unter der Was-

Schweben und Gleiten

seroberfläche entgegen, faßt ihn an den ausgestreckten Armen – oder bei Rückenlage unter den Achseln – und zieht ihn ein gutes Stück in der Gleitrichtung weiter.

Wie nutze ich den Wasserauftrieb am besten zum Schweben und Gleiten?

Nach tiefer Einatmung Schweben in Bauch- und Rückenlage:
- Partnerziehen: mit Hilfe einer Stange oder mit Griff an den langen Armen in der Bauchlage; unter dem Hinterkopf in der Rückenlage (siehe Foto Mitte).
- Vorwärtsstützeln auf den Händen im flachen Wasser (siehe Foto unten).

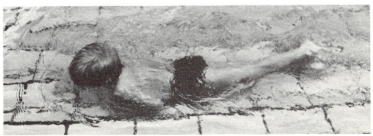

64 Übungen

- Liegestütz im flachen Wasser mit Eintauchen des Gesichts, dann Lösen der Hände vom Grund und Ausbreiten der Arme an der Wasseroberfläche.
- Liegestütz in Rückenlage: Beine an der Oberfläche ausstrecken, Hinterkopf ins Wasser legen. Lösen der Hände vom Grund und längere Zeit schweben.
- ‹Toter Mann› in Bauchlage im bauchhohen Wasser: Körper vornüber legen, Körper an der Oberfläche ausstrecken, Arme und Beine grätschen.
- Qualle oder Hockschwebe: Oberkörper vornüber legen, mit den Händen die Unterschenkel greifen und eng unter den Körper ziehen. Als kleines ‹Päckchen› längere Zeit schweben.
- Hockschwebe und Streckschwebe im Wechsel, dann aus der Hockschwebe hinstellen.
- ‹Toter Mann› in Bauchlage als Wettbewerb, Sekunden zählen.
- ‹Toter Mann› in Rückenlage: Oberkörper und Kopf zurück auf das Wasser legen, Hüfte und Beine an die Oberfläche bringen, ausstrecken und schweben.
- ‹Toter Mann› in Rückenlage als Wettbewerb, Sekunden zählen.
- Für ängstliche Schwimmschüler: Rückenschwebelage einnehmen mit Partnerhilfe; Partner unterstützt mit Griff unter dem Hinterkopf.
- Sprossen einer Einstiegsleiter, einen Gymnastikstab oder die Beine eines Partners hinabhangeln, Hände lösen und Körper aufwärts treiben lassen.

Wie komme ich leichter zum Gleiten und damit zur Schwimmlage?

Leichte Übungen (zum Gleiten in Bauchlage):
- Bei geringer Entfernung zum Ufer, zum Beckenrand usw. aus dem Hockstand mit ausgestreckten Armen vornüber auf das Wasser legen und abstoßen.
- Angleiten zum Rand mit zunehmender Entfernung; Gesicht ist immer eingetaucht!
- Angleiten zum Partner, dieser faßt die Hände und zieht weiter.
- Aus dem Hockstand vor der Wand: Abstoßen mit einem Fuß und langes Ausgleiten.
- Gleitabstoß und anschließend unter einer Stange hertauchen.
- Hangeln am Beckenrand oder an einer Leine entlang: den gestreckten Körper mit Hilfe der Hände voranziehen.

Schwimmlage

Schwierige Übungen:
- Angleiten zum Rand mit anschließendem Abdruck der Hände, fußwärts zurückgleiten.
- Fortlaufendes Gleiten mit Abstößen vom Grund: Nach dem Abstoß mit guter Körperstreckung ausgleiten, hinstellen und erneuter Abstoß zum Gleiten.
- Anschieben des Partners: Dieser legt sich in Strecklage auf das Wasser und wird an den Füßen ruhig fortgeschoben (‹Torpedo›) (siehe Foto oben).
- Flößen durch die Gasse: Alle in einer Gasse aufgestellten Teilnehmer schieben den gestreckten Körper eines Schwimmschülers durch die Gasse (siehe Foto unten).

- Torpedoschießen: wie Anschieben des Partners, jedoch kräftig anschieben und schnell loslassen.
- Abstoßen und Gleiten mit Lagewechsel wie Abstoßen in Bauchlage, während des Gleitens Körper flach zur Seite und in die Rückenlage rollen, unter Paddelbewegungen der Füße dann Rückenlage beibehalten.
- Weitere Lagewechsel in Verbindung mit Gleiten ausprobieren.

Leichte Übungen (zum Gleiten in Rückenlage):
- Partnerziehen mit Griff unter den Achseln, Gleitender in Rückenlage.
- Partnerziehen mit Griff am Hinterkopf; später nach Gleitbeginn loslassen.
- Abstoßen in Rückenlage aus dem Hockstand und Gleiten mit Brettunterstützung (Brett mit beiden Händen gefaßt hinter den Kopf gehalten): Oberkörper und Hinterkopf zurücklegen, Hüfte heben und abstoßen (siehe Foto unten).
- Abstoß in Rückenlage mit einem Fuß vom Beckenrand, Körper gut an der Oberfläche ausstrecken, Hände liegen neben der Hüfte (siehe Foto Seite 67).
- Abstoßen, gleiten und durch Paddeln mit Füßen und Händen die Gleitstrecke verlängern.
- Abstoßen, gleiten, hinstellen, wieder abstoßen und gleiten.

Spiele 67

Schwierige Übungen:
- Partner anschieben in Rückenlage: Nach Einnehmen der gestreckten Rückenlage wird der Partner an den Fußgelenken gefaßt und geschoben.
- Abstoßen mit beiden Füßen in Rückenlage, mit vorgestreckten Armen lange ausgleiten.

Wie kann ich meine Wasserbewältigung feststellen (Test)?
Um den Fortschritt der Wasserbewältigung zu überprüfen, lassen sich die ersten zwölf Aufgaben aus dem Anhang auf Seite 182/183 durchführen.

Spiele im Wasser

Spiele im Wasser dienen vorrangig der Wassergewöhnung von Kindern, da sie wegen ihres Aufforderungscharakters die Aufmerksamkeit von den Unannehmlichkeiten des Wassers abzulenken vermögen. Sie können aber auch jugendlichen und erwachsenen Nichtschwimmern helfen, sich an das Wasser zu gewöhnen. Natürlich gelingt die Ablenkung bei Kindern leichter.
Spiele erleichtern zudem die Wasserbewältigung, ganz besonders diejenigen, die mit Tauchen und Gleiten verbunden sind. Darüber hinaus

68   Spiele

sind solche Spiele stets dann angebracht, wenn nach einer längeren
Phase angespannten Lernens einfach einmal Entspannung not tut, ohne daß der Kontakt mit dem Wasser verlorengeht.
Die folgende Aufstellung stellt eine Auswahl an Spielen im Wasser
dar, die der Übersicht wegen in fünf Gruppen gegliedert ist.

1. Landspiele im Wasser

‹Verkehrsschutzmann›
Er leitet den Verkehr der Anfänger im flachen Wasser vom Beckenrand aus. Durch Handzeichen gibt er an, in welche Richtung die Fuß-
gänger gehen sollen. Statt des Gehens können auch andere Formen
der Fortbewegung vereinbart werden.

‹Eisenbahnspiel›
Die Teilnehmer gehen und laufen mit Handfassung oder Schulterfas-
sung (jeder faßt mit beiden Händen die Schultern seines Vordermanns) hintereinander. Dabei ist auch eine ‹Tunnelfahrt› durch die
gegrätschten Beine eines Mitspielers möglich.

‹Stuhlgang›
Alle Teilnehmer bilden eine Reihe im Wasser, wozu jeder seine Hände auf die Schultern des Vordermanns legt. Unter Beugen der Beine
setzt sich jeder auf die Knie seines Hintermanns. Dann startet der
‹Stuhlgang› möglichst gleichzeitig und im Takt. Der erste Teilnehmer
lenkt in Kurven, Geraden und Kreisen.

‹Bockspringen›
Die ‹Böcke› stehen mit dem Kopf in Sprungrichtung. Ein Partner
überspringt den Bock und macht seinerseits den Bock für den gerade
übersprungenen Partner. Es kann auch unmittelbar nacheinander
über mehrere Böcke gesprungen werden. Eine lebhafte Form zum
Aufwärmen bildet der Sprung über den Bock und danach Tauchen unter den gegrätschten Beinen mit mehrfacher Wiederholung.

‹Pendelstaffel›
Zwei oder mehrere gleich große Gruppen befinden sich im Wasser;
alle Mitspieler haben eine Hand auf den Beckenrand gelegt. Auf
Startzeichen läuft der erste jeder Staffel zur gegenüberliegenden Bek-
kenwand und nach Anschlag zurück. Erst nachdem er den nachfolgen-

Landspiele im Wasser   69

den Mitspieler durch Abschlagen abgelöst hat, darf dieser starten. Die
Pendelstaffel kann durch Auflagen wie Rückwärtslaufen, Hüpfen auf
einem Bein o. ä. erschwert werden.

‹Lebende Brücke›
Die Schwimmschüler bilden eine Brücke von einer Beckenseite zur
anderen, indem sie hintereinander stehend bei vorgebeugtem Oberkörper ihren Kopf gegen das Gesäß des Vordermanns stemmen und
dessen Hüften mit den Händen umfassen. Die übrigen Teilnehmer
versuchen, trockenen Fußes mit oder ohne Hilfe eines begleitenden
Partners über die Brücke zu klettern. Ist die Brücke zu kurz, so wird
jeweils ihr letzter Teil hinten abgebrochen, sobald der Partner darüber hinweg geklettert ist, und dann vorn wieder angebaut. Es entsteht so die ‹Wanderbrücke›.

‹Entwischen›
Drei bis vier Spieler bilden durch Handfassen einen Kreis. Ein Mitspieler befindet sich innerhalb des Kreises und versucht, unter oder
über die Arme der Kreisbildenden zu entwischen. Der links von der
Durchschlupfstelle befindliche Spieler tauscht die Rolle mit dem Ent-
wischten. Bei mehr als vier kreisbildenden Spielern befinden sich
mehrere Mitspieler innerhalb des Kreises.

‹Ausbrechen›
Räumliche Anordnung der Spieler und Spielgedanke entsprechen denen des ‹Entwischens›, jedoch muß der Ausbruch durch Öffnen des
Kreises bewirkt werden, also durch Lösen der gefaßten Hände. Schlagen und Treten sind nicht erlaubt.

‹Tauziehen›
Zwei gleich große Gruppen starten auf Zeichen des Lehrers von den
gegenüberliegenden Beckenseiten zum Seil, das in der Mitte auf dem
Beckenboden liegt. Sieger ist diejenige Mannschaft, die mit dem Seil-
ende ihre Beckenseite erreicht.
Variation: Aus dem Stand in der Beckenmitte kann Tauziehen auch
ohne Tau durchgeführt werden. Dazu fassen sich zwei gegenüberste-
hende Schwimmschüler an den Unterarmen (jeder faßt mit seinen
Händen die Unterarme des Gegenübers), und die beiden Mannschaften hängen sich jeweils hinter ihren starken Mann, indem sie die Hüften des Vordermanns umfassen.

2. Abschlagspiele

‹Fangen im Schneeballsystem›
Ein Fänger wird bestimmt; alle Abgeschlagenen werden zu Fängern, bis es nur noch Fänger gibt. Die Fänger weisen sich aus, indem sie eine Hand auf dem Kopf halten.

‹Schwarzer Mann›
Die beiden gegenüberliegenden Beckenseiten bilden die Male. An einem Mal befindet sich der schwarze Mann, am anderen die gesamte Teilnehmergruppe. Auf Zuruf des schwarzen Mannes «Wer fürchtet sich vorm schwarzen Mann?» rufen alle «Niemand!» und laufen (schwimmen) zum gegenüberliegenden Mal. Der schwarze Mann schlägt möglichst viele ab, die dann zu seinen Helfern werden.

‹Abschlagen›
Ein Fänger wird bestimmt, der einen Mitspieler abschlägt, welcher wiederum einen weiteren Spieler abschlägt usw. Unmittelbares Zurückschlagen des Gefangenen ist nicht zulässig. Die Fortbewegung im Wasser ist beliebig oder kann eingeschränkt werden, zum Beispiel Hüpfen auf einem Bein, Schultern unter Wasser, Arme über Wasser. Die Mittellinie darf nur untertaucht werden.

‹Komm mit – lauf weg›
Kreis mit Handfassung; ein Fänger läuft um den Kreis und fordert einen Mitspieler durch Schlag auf den Rücken auf: «Komm mit!» oder «Lauf weg!» Dieser versucht, durch Überholen bzw. schnellen Lauf in entgegengesetzter Kreisrichtung als erster wieder auf seinen Platz zu gelangen; andernfalls ist er nun Fänger.

‹Schwarz – Weiß›
In der Mitte des Beckens stehen zwei Linien von Mitspielern, ‹Schwarz› und ‹Weiß›, einander im Abstand von 1,5 bis 2 Meter gegenüber. Der Spielleiter bestimmt durch Zuruf «Schwarz» oder «Weiß», welche Spieler schnellstmöglich zu ihrer Beckenwand laufen und dem Abgeschlagen-werden durch die Gegenspieler entkommen sollen. Jeder abgeschlagene Spieler gehört dann zu der Gruppe, die ihn abgeschlagen hat.

Ballspiele   71

3. Ballspiele

‹Balltreiben›
Ein Ball wird zu einer festgelegten Stelle im Becken ohne Benutzung
der Hände vorangetrieben, mit dem Körper oder mit dem Kopf. Gleichermaßen kann der Ball mit Knie, Fuß, Schulter oder Kopf von der
Wasseroberfläche hochgeworfen werden, auch über ein Hindernis
hinweg, aus dem Wasser heraus, in einen Kreis hinein.

‹Ball zuspielen›
Eine Mannschaft ist im Ballbesitz und spielt sich den Ball zu. Die andere nicht im Ballbesitz befindliche Mannschaft versucht, den Ball ab-
zufangen.

Variation: Die im Ballbesitz befindliche Mannschaft versucht, Tore zu
werfen.

‹Haltet das Feld frei›
Zwei Mannschaften haben gleich viele Bälle und werfen sie in das geg-
nerische Feld. Sie versuchen so, das eigene Feld möglichst freizuhal-
ten. Nach einer festgelegten Zeit wird das Werfen eingestellt und der
Gewinner festgestellt.

Variation: Statt Bälle werden kleine Tauchringe geworfen, die heraus-
getaucht werden müssen.

‹Ball springen lassen›
Der Ball wird untergetaucht und losgelassen, so daß er an die Wasseroberfläche auftreibt. Wessen Ball springt am höchsten? Wer kann seinen Ball aus der Luft auffangen, köpfen, mit dem Fuß hoch-
schießen?
Die gleiche Aufgabe, aber den Ball zuvor durch die gegrätschten Beine loslassen oder sich zuvor auf den Ball setzen, hocken, stellen.

‹Tigerball›
Die Spieler bilden einen Kreis, in dessen Mitte ein oder zwei Spieler
als ‹Tiger› stehen. Die Außenstehenden spielen sich den Ball zu, während die Tiger versuchen, ihn zu berühren. Bei Erfolg wechselt der
Tiger mit demjenigen, der den Ball zuletzt geworfen hat.

‹Torwerfen›

Als Spielfeld gilt das Lehrbecken bzw. der Nichtschwimmerteil des Mehrzweckbeckens; zwei gegenüberliegende Wände stellen die Tore in der gesamten Breite des Spielfeldes dar. Im Wasser stehen sich zwei Mannschaften gegenüber, die jedoch nicht die (gedachte) Mittellinie zum gegnerischen Feld überschreiten dürfen. Jede Mannschaft bemüht sich, den Ball gegen ein unbewachtes Stück der gegnerischen Wand zu werfen und so ein Tor zu erzielen bzw. Tore gegen die eigene Mannschaft zu verhindern. Werfen muß jeweils derjenige Spieler, der den Ball gefangen oder vom Wasser aufgenommen hat.

Variationen: Der Ball darf beliebig innerhalb der Mannschaft zugespielt werden. Die Mittellinie kann überschritten werden. Der Ball darf nur mit Kopf und Bein abgewehrt und gespielt werden. Es wird mit zwei bis drei Bällen gleichzeitig gespielt.

‹Wasserfußball›

Der Spielgedanke entspricht dem des Torwerfens. Allerdings darf der Ball nur mit Fuß, Bein und Kopf gespielt und abgewehrt werden. Die Mannschaften bleiben in ihren Spielhälften.

‹Wasservolleyball›

Der Ball wird über ein Seil gespielt, das entsprechend der Wassertiefe so hoch gespannt ist, daß der Ball nicht geschmettert werden kann. Ansonsten gelten Volleyballregeln.

‹Wasserkorbball›

Im Nichtschwimmerbecken werden ein Spielfeld festgelegt und an seinen beiden Schmalseiten je ein Plastikeimer (Korb) aufgestellt. Zwei gleich große Mannschaften stellen sich jeweils an ihrer Schmalseite so auf, daß jeder Spieler eine Hand auf den Beckenrand legt.

Der Schwimmlehrer pfeift das Spiel an und wirft den Ball in die Mitte des Spielfelds. Diejenige Mannschaft, die laufend oder schwimmend den Ball zuerst erreicht, spielt ihn sich zu bis in die Nähe des gegnerischen Korbs zum Korbwurf. Der Ball darf beliebig gespielt werden. Wurf über den Spielfeldrand hinaus, Ball-unter-Wasser und Festhalten des Gegners werden durch Freiwurf der Gegenpartei geahndet.

Variationen: Zum Korberfolg muß der Ball in den Korb gelegt werden. Der Gegner kann festgehalten werden. Der Ball darf unter Wasser genommen werden.

‹Wasserraufball›
Zwei Mannschaften spielen mit einem großen, leichten Wasserball
(Nivea-Ball o. ä.). Jede Mannschaft versucht, mit dem Ball die gegne-
rische Beckenwand zu berühren. Der Ball kann getragen, geworfen,
geschlagen werden. Gegenüber dem Gegner ist alles erlaubt mit Ausnahme von Schlagen, Beißen, Treten.

Variationen: Zum Torerfolg muß der Ball den gegnerischen Beckenrand überschritten haben. Beim Spiel mit kleinerem Hohlball muß
zum Torerfolg der Ball an einer bestimmten Stelle abgelegt werden.

4. Tauchspiele

‹Fangen mit Tauchfrei›
Ein Schwimmschüler ist Fänger und wird durch den Abgeschlagenen
abgelöst. Wer untergetaucht ist, darf nicht abgeschlagen werden.

‹Schleppnetz›
Die Hälfte der Gruppe, die Fische, befindet sich einer Fängerlinie
(Netz) gegenüber, die mit gefaßten Händen auf die Fische zugeht. Die
Fische versuchen, durch das Netz zu schlüpfen.

‹Feuerwehrpumpe›
Zwei Partner stehen einander in hüft- bis brusttiefem Wasser unter
Handfassung gegenüber. Partner A holt Luft, hockt die Beine an und
sinkt unter Wasser. Sobald er sich wieder aufstellt, macht Partner B
das gleiche.
Wer kann dabei unter Wasser die Luft auspusten? Welches Paar kann
das Tempo allmählich verlangsamen oder beschleunigen?

‹Tunnelfahrt›
Alle Schwimmschüler fassen sich in einer Reihe an den Händen und
fahren, ohne loszulassen, unter den gegrätschten Beinen eines Mitspielers durch den Tunnel.

‹Köpfe weg›
In einem großen Kreis befindet sich die Hälfte der Teilnehmer. Die
Kreisspieler versuchen, mit einem weichen Hohlball die im Kreis be-
findlichen Spieler abzuwerfen, wenn sie nicht schnell genug ihre Köpfe unter Wasser nehmen. Wenn alle Spieler getroffen sind, wechseln
die Gruppen ihre Rollen.

74   Tauchspiele

Variationen: Die Kreisspieler können sich den Ball beliebig zuspielen. Es wird nach Zeit gespielt, bis alle Spieler abgeworfen sind. Das Spiel findet mit zwei (drei) Bällen statt.

‹Figurenlegen auf dem Beckenboden›
Mit einer festgelegten Anzahl (6, 8, 10) von gleichen Gegenständen (Kieselsteine, Tauchringe, Tauchteller) legt der erste Spieler eine Figur, eine Zahl, ein Symbol, einen Buchstaben. Der nächste Spieler ändert den Sinn durch Umlegen der Gegenstände entweder nach eigener Phantasie oder auf Ansage. Die anderen Spieler schließen sich an.

‹Wett-Tauchen›
Die Schwimmschüler bilden Mannschaften zu zweit. Partner A steht mit dem Rücken an der Wand, Partner B mit gegrätschten Beinen in einem Meter Entfernung gegenüber. A beugt Kopf und Oberkörper unter die Wasseroberfläche nach vorn, zieht sich mit seinen Armen durch die gegrätschten Beine von B und stellt sich dahinter wieder auf den Boden. B unterstützt die Tauchübung von A, indem er ihn auf dem Gesäß unter Wasser drückt und durch seine gegrätschten Beine schiebt.
Dann stellt sich A seinerseits nach einer halben Drehung zu B mit gegrätschten Beinen auf und B taucht.

Wettspiel: Welches Paar erreicht nach achtmaligem Tauchen zuerst die gegenüberliegende Beckenwand? – Welches Paar schafft innerhalb einer festgelegten Strecke (Zeit) die meisten Tauchübungen?

‹Wandertunnel›
Vier bis sechs Teilnehmer bilden im Stand mit gegrätschten Beinen hintereinander den Tunnel. Der letzte taucht von vorn unter dem Tunnel her, indem er sich an den gegrätschten Beinen hindurchzieht, und schließt sich hinten an. Dann folgt der nächste usw. Die tunnelbildenden Partner stehen so weit auseinander, daß der Tauchende notfalls seitlich ausscheren kann. Außerdem schieben sie den Taucher am Gesäß nach hinten durch.

Wettspiel: Zwei oder mehrere Mannschaften gegeneinander nach Zeit oder Strecke; die Zahl der Tauchgänge ist festgelegt.

5. Spiele in bewegtem Wasser

‹Wettrudern›
Aus dem Sitz mit langen Beinen im flachen Wasser ziehen sich die Schwimmschüler mit beiden Armen kräftig vorwärts. Bei jedem Zug werden die gestreckten Beine vorn ein wenig angehoben.
Wenn das Wasser flach genug ist oder eine breite Treppe vorhanden ist, kann man auch im Liegestütz bäuchlings vorwärts stützeln.

‹Strömendes Wasser›
Die ganze Gruppe der Schwimmschüler (wenigstens acht Teilnehmer) läuft so lange im Uhrzeigersinn in einem großen Kreis durch das Lehrbecken (Nichtschwimmerbecken), bis das Wasser zu einer kreisenden Strömung gerät. Die Arme werden bei dem Lauf mit eingesetzt. Auf Kommando holen alle tief Luft, hocken sich hin, umfassen ihre Knie mit beiden Armen und legen die Stirn auf die Knie. In dieser Stellung lassen sie sich von der Strömung treiben.
Nachdem die Strömung wieder angetrieben wurde, kann man sich bäuchlings gestreckt treiben lassen oder auch in Rückenlage (‹Toter Mann›).

‹Gegen den Strom laufen›
Das Wasser wird in Kreisströmung versetzt wie oben. Auf Kommando drehen sich alle um und laufen gegen den Strom.

‹Baumstammflößen›
Die Teilnehmer bilden eine weit auseinandergezogene Gasse. Einer stößt sich nach tiefem Luftholen von der Wand ab und hält seinen Körper gut gestreckt. Die anderen greifen ihn an Armen und Beinen und schieben ihn im Wasser nach vorn weiter.
Wenn die Gasse dicht genug ist und die gegenüberstehenden Teilnehmer sich fest an den Händen fassen, kann der Baumstamm auch vorwärts geworfen werden.

‹Torpedo›
Ein Schwimmschüler legt sich bäuchlings gestreckt auf das Wasser. Der Partner faßt ihn im Wasser an den Füßen und schiebt ihn aus dem Vorwärtsgehen an der Wasseroberfläche vorwärts.

‹Doppeltorpedo›
Zwei stehen sich in circa einem halben Meter Abstand gegenüber. Nachdem sie sich unter tiefer Einatmung langsam rückwärts auf das Wasser gelegt haben, hocken sie die Beine an und setzen ihre Fußsohlen gegen die des Partners. Durch gleichzeitiges Strecken ihrer Beine schießen sie wie ‹Torpedos› auseinander. Der Torpedo in Bauchlage ist etwas schwieriger, weil die Füße des Partners und der Zeitpunkt des gemeinsamen Abdrucks ohne Blickkontakt getroffen werden müssen.

‹Wellenbad›
Alle Schwimmschüler stellen sich dicht nebeneinander vor eine Beckenwand im Wasser. Die Hände fassen die Überlaufrinne; die Arme sind durchgestreckt, die Füße stehen bei durchgedrückten Knien dicht vor der Wand. Gemeinsam – auf Zeichen des Lehrers – beugen alle Teilnehmer die Arme und ziehen den Oberkörper dicht an die Wand. Gemeinsam strecken sie schnell die Arme und drücken mit dem Rücken das Wasser zurück. Durch vielfache Wiederholung ergibt sich lebhafter Wellengang. Auf ein Zeichen springen, laufen oder schweben die Teilnehmer durch die Wellen.

Erlernen des Brustschwimmens

Mit welcher Schwimmtechnik beginnt man das Vorwärtsschwimmen?
Fachleute diskutieren schon lange und intensiv, ob sich Brustschwimmen, Kraulschwimmen oder Rückenschwimmen besser für den Lernbeginn eignen. Eine Reihe von Argumenten spricht für das Kraulschwimmen. So bietet das Kraulschwimmen Vorteile wegen seiner wechselseitigen Bewegungen der Arme und Beine sowie deren Einfluß auf die Beweglichkeit der Wirbelsäule. Auch die mögliche Übertragung von Teilbewegungen (z. B. Beinschlag) auf später hinzuzulernende Schwimmarten (z. B. Rückenkraul) wird als günstig erachtet. Aber die Erfahrung lehrt, daß die Atmung dem Anfänger viel größere Schwierigkeiten bereitet als bei den anderen Schwimmtechniken.
Für das Rückenschwimmen – sowohl Rückenkraul wie Rückenschwimmen mit Brustschwimm-Beinbewegung und gleichzeitigem Druck der Arme von den Schultern zu den Oberschenkeln – spricht der vom Wasser getragene Kopf, welcher für die Entlastung von Muskeln und Wirbelsäule im Hals- und Rückenbereich sorgt. Außerdem

Brustschwimmen

bleiben Mund und Nase vom Wasser unbehindert für die Atmung frei. Andererseits ergeben sich Schwierigkeiten aus der ungewohnten Körperlage: Der Anfänger sieht nicht, wohin er schwimmt, und neigt zum Sich-Setzen, was gleichbedeutend ist mit Absinken.

Auch das Brustschwimmen weist einige Nachteile auf: Die Beinbewegung ist kompliziert und stellt beachtliche Anforderungen an Konzentration und Übungsfleiß der Anfänger. Sie läßt sich zudem nicht auf die Kraulschwimmarten übertragen. Deshalb tut sich der langjährige ‹Nur-Brustschwimmer› schwer, andere Schwimmtechniken zu erlernen. Die verhältnismäßig hohe Kopfhaltung unterstützt möglicherweise vorhandene Verspannungen der Nacken- und Schultermuskulatur, wenn nicht durch Kopfeintauchen und Vorschieben der Schultern immer wieder die Entspannung gesucht wird. Das Hochhalten des Kopfes fällt dem Brustschwimmer erheblich leichter als den Kraul- und Rückenkraulschwimmern, weil er seine Arme ständig unterhalb der Wasseroberfläche bewegt. So verdrängen die Arme auch ihrerseits Wasser und erhöhen den hydrostatischen Auftrieb.

In der verhältnismäßig hohen Kopfhaltung besteht andererseits gerade der entscheidende Vorteil für den Anfänger. Er kann leichter atmen und ermüdet deshalb nicht so schnell während des Schwimmens. Unterrichtsversuche haben ergeben, daß nach gleich langer Lernzeit Brustschwimmanfänger im Schulalter durchschnittlich sechsmal so weit schwimmen können wie Kraulschwimmanfänger.

So hat sich das Brustschwimmen als überwiegende Anfangsschwimmart in den meisten europäischen Ländern durchgesetzt. In den USA und Australien dagegen beginnt der Unterricht mit Kraulschwimmen (vgl. «Lehrgang mit Schwimmei»).

Der Lernbeginn mit Brustschwimmen schließt Übungen in Rückenlage nicht aus, wie die nachfolgenden Ausführungen zeigen. Allerdings beschränkt sich das Rückenschwimmen zunächst auf solche Bewegungsabläufe, bei denen die Arme wie beim Brustschwimmen ständig unter der Wasseroberfläche verbleiben. Darauf beruht die ausruhende Wirkung der Rückenlage. Zu wünschen bleibt, daß der Schwimmschüler dabei gelegentlich auch den abwechselnden Beinschlag der Kraulschwimmtechniken versucht.

Es soll nicht verschwiegen werden, daß die zusätzlichen Übungen in der Rückenlage während des Brustschwimmenlernens den Anfänger in seinem Können und seiner schwimmerischen Sicherheit erheblich bereichern, aber auch zusätzliche Zeit und Mühe kosten.

Wie lerne ich Brustschwimmen?

Der Bewegungsablauf des Brustschwimmens verlangt, daß die Bewegungen der Arme und Beine in der Gesamtbewegung gleichzeitig, jedoch in unterschiedlichen Richtungen erfolgen. Das zeitliche und richtungsmäßige Zusammenspiel der Gliedmaßen gelingt selten auf Anhieb. Deshalb ist es grundsätzlich üblich, die Schwimmbewegungen der Arme und Beine getrennt zu erlernen.

In diesem Lehrgang sollen die Übungen für die Arme vorangestellt und möglichst bald für die Fortbewegung angewendet werden. Da die Beinbewegung erfahrungsgemäß eine längere Lernzeit erfordert, sollen für sie zuerst gute Voraussetzungen, vor allem durch gymnastische Übungen, geschaffen werden. So gelangen die Beine später in der Gleitlage bald zum wirkungsvollen Abdruck vom Wasser und damit zur gewünschten Antriebsleistung (siehe Foto unten).

Erst wenn die Teilbewegungen für sich erlernt sind, werden sie zur Gesamtbewegung verbunden. Dabei beginnt die Armbewegung mit dem Zug; der Beinschwung danach fällt mit der Streckbewegung der Arme zusammen.

Die Atmung, hier besonders die gründliche Ausatmung ins Wasser, wird in jeder Schwimmstunde in Verbindung mit Untertauchen des Kopfes geübt, um später möglichst problemlos in die Schwimmbewegungen einbezogen werden zu können. Es ist darauf zu achten, daß der Kopf gerade gehalten wird mit Blickrichtung nach vorn bzw. nach unten, weil jede seitliche Verdrehung des Kopfes die Schräglage des Körpers und asymmetrische Beinbewegungen zur Folge hat.

Armbewegung

Armbewegung

- Gehen im bauchhohen Wasser mit vorgebeugtem Oberkörper, Schultern im Wasser:
  Kurze, flüssige Armkreise, vor allem mit Handflächen und Unterarminnenseiten ziehen (siehe Foto oben).

- Aus dem Gleitabstoß mit eingetauchtem Gesicht:
  Mehrere kurze Armzüge ausführen, dabei Unterarme im Blickfeld behalten. Ellbogen vor den Schultern oben halten, Unterarme unter die Ellbogen ziehen. Die Beine bleiben ruhig liegen. Zum Eintauchen hinstellen (siehe Foto Mitte).

- Aus dem Gleitabstoß mit eingetauchtem Gesicht über eine festgelegte Strecke (zum Partner, zum Beckenrand oder Seeufer):
  Mehrere Armzüge ausführen. Die Beine bleiben dabei ruhig liegen.

- Zum konzentrierten Üben und Verbessern der Bewegung
  – in Bauchlage auf dem flachen Beckenrand, Achseln schließen mit dem Beckenrand ab:
  Ruhige Armzüge mit Handflächen und Unterarmen nach außen hinten. Hände kommen unter dem Kinn zusammen und strecken sich deutlich nach vorn aus (siehe Foto unten).

– im hüfthohen Wasser:
Ein Partner schiebt den Übenden an den Fußgelenken. Der Übende führt mit eingetauchtem Gesicht ruhige Armzüge von der Schulter aus. Jeder Armzug endet mit voller Armstreckung vorn (siehe Foto oben).

- Aufgabe für das Üben zu Hause
Im Stand mit waagerecht vorgebeugtem Oberkörper vor dem Spiegel:
Unterarme auswärts-rückwärts ziehen bis zur Senkrechten unter dem Ellbogen. Ohne Pause dann die Unterarme einwärts und wieder zum Vorstrecken führen. Beim Armzug auswärts-rückwärts und einwärts zeigen die Händflächen nach hinten, beim Vorstrecken zum Boden.

Beinbewegung

- Im erhöhten Sitz auf der Bank oder auf dem Beckenrand:
Unterschenkel gleichzeitig pendeln, dabei abwechselnd Fersen dicht an das Gesäß ziehen und Beine im Wechsel wieder ausstrecken. Füße locker halten.
- Im erhöhten Sitz auf der Bank:
Unterschenkel weit unter die Oberschenkel zurückziehen, Sohlen schleifen dabei über den Boden (siehe Foto unten). Die

Füße beschreiben dann mit den Innenseiten zwei Halbkreise über außen bis zum Schließen der Beine. Knie beim Kreisen hüftbreit halten. Später die Halbkreise in der Luft ausführen. Unterschenkel ruhig anziehen, sodann schwunghaft kreisen.

- Wasser stütztief, im Liegestütz in Rückenlage:
  Fersen dicht an das Gesäß ziehen, Fußspitzen auswärtsdrehen soweit wie möglich, mit den Unterschenkelinnenseiten kreisend (den Wasserwiderstand suchen und) das Wasser nach hinten drücken.
- In Rückenlage mit Partnerhilfe, Partner faßt mit einer Hand unter den Hinterkopf oder mit beiden Händen um den Kopf: Unterschenkelschwung ausführen wie bei der vorherigen Übung; dabei auf die Knie schauen, die sich nicht über Hüftbreite öffnen sollen.
- In freier Rückenlage, bei Bedarf ein Brett unter dem Kopf oder auf dem Bauch halten zur Lageunterstützung:
  Beim Kreisschwung mit angezogenen und auswärtsgedrehten Füßen betont Abdruck vom Wasserwiderstand suchen (siehe Fotos unten). Nach jeder Schwungbewegung kurze Gleitpause einlegen.

- Wasser stütztief; im Liegestütz in Bauchlage, Schultern unter Wasser:
  Unterschenkel über dem Oberschenkel dicht anziehen; beim Kreisen der Unterschenkel auf enge Kniestellung achten. Oberschenkel drehen beim Auswärtskreisen der Unterschenkel nach innen.
- In Bauchlage mit Partnerziehen oder Schwimmbretthilfe:
  Einige Unterschenkelschwünge aneinanderreihen (siehe Foto). Zum Atmen hinstellen und erneut abgleiten.

Gesamtbewegung der Arme und Beine
- Kurze Bahnen je mit Armbewegung und Beinbewegung im Wechsel schwimmen.
- Bewegungsfolge von drei Armzügen, danach Arme ausstrecken und drei Beinschwünge. Zum Einatmen hinstellen.
- Verkürzen der Bewegungsfolge der Arme und Beine auf 2:2, später 1:1.
- Rhythmisieren der Verbindung von Armzug und Beinschwung durch Mitsprechen:
  «Armzug und Beinschwung, Armzug und Beinschwung . . .»
  Dabei fallen Beinschwung und Vorstrecken der Arme zusammen. Die Beine bleiben geschlossen liegen, wenn die Arme den Zug beginnen.

Atmung und Gesamtbewegung mit regelmäßiger Atmung
- Im bauchhohen Wasser:
  Vorwärtsgehen mit vorgebeugtem Oberkörper, Hände liegen gefaßt auf dem Gesäß: langes Ausblasen der Luft durch Mund und

Nase. Gegen Ende des Ausatmens Kopf anheben und den Mund zum anschließenden schnellen Einatmen freimachen.

- Im Stand im bauchhohen Wasser mit vorgebeugtem Oberkörper: Armbewegung mit Atmung:
  Beim Vorstrecken der Arme ins Wasser ausatmen, während des Ziehens und Beugens den Kopf anheben und einatmen.
- Im hüfthohen Wasser:
  – Gehen mit vorgebeugtem Oberkörper, dabei Armbewegungen mit Atmung ausführen.
  – Partnerschieben (siehe Foto Seite 80 oben). Der Übende führt Armbewegungen mit regelmäßiger Atmung aus.
- Schwimmen über kurze Bahnen mit regelmäßiger Atmung; dabei auf betonte Ausatmung und Streckbewegung der Arme achten.
- Wiederholungszahl der Kurzbahnen steigern, aber Erholungspause nach jeder Bahn einlegen.
- Streckenlänge steigern durch ruhigere Bewegungsabläufe.

Stellen sich Atmungsschwierigkeiten während des ruhigen Durchschwimmens längerer Strecken ein, so bedeutet es häufig eine Hilfe, wenn man bei konzentrierter Atmung so lange wie möglich schwimmt, dann mit Griff am Beckenrand die Atemübungen fortführt und nach Befriedigung des Atembedürfnisses ruhig weiterschwimmt.

Stellt sich auch dann nicht der gewünschte Erfolg ein, so sollten einige Übungen des Tauchens und Atmens gründlich wiederholt werden, ehe das Brustschwimmen mitsamt der Atmung erneut angegangen wird.

Ohnehin beginnt keine Schwimmstunde inhaltlich genau dort, wo die vorhergehende endete, sondern jede Stunde enthält Wiederholungen der wichtigsten Teile der vorangegangenen Stunde sowie grundsätzlich immer einige Übungen aus der Wasserbewältigung. Da die Zeit kaum ausreicht, um das gesamte Übungsgut der Wasserbewältigung zu wiederholen, werden Tauchen, Atmen, Springen und Gleiten auf mehrere Stunden verteilt.

In diese Verteilung lassen sich auch Spielformen mit Wasserbewältigungszielsetzung einbeziehen.

Der folgende 15-Stunden-Lehrgang versucht, dieses Programm beispielhaft zu veranschaulichen.

Ein 15-Stunden-Lehrgang

Erste Stunde

Zielsetzung: Wassergewöhnung im hüfthohen Wasser

Lerninhalte:
– Duschspiel
– Gleichgewichtfinden und -erhalten beim Einstieg ins Wasser sowie beim Gehen und Laufen im hüfthohen Wasser; zügiges Vorwärtsgehen in verschiedenen Richtungen
– Wasser im Gesicht ertragen lernen
– Atmen an der Wasseroberfläche durch ‹Schiffchen treiben›; Loch ins Wasser blasen
– Rücken- und Bauchlage einnehmen im Liegestütz

Spielformen:
– Balltreiben (auch mit Pull-buoys)
– Volleyballspiel mit Luftballon
– ‹Verkehrsschutzmann›

Geräte: Bälle, Pull-buoys, Luftballon

Zweite Stunde

Zielsetzung: Wassergewöhnung im hüfthohen und stützhohen Wasser

Lerninhalte:
– Duschen, dabei lange Wasser übers Gesicht laufen lassen
– über den Beckenrand ins Wasser klettern und wieder herausklettern (nur Kinder)
– Auf- und Niederhüpfen bis zum Untertauchen
– Wettlaufen zu zweit
– Gegenstände durch Ausatmen treiben; Ausatmen bei eingetauchtem Gesicht
– Stützeln durchs stützhohe Wasser mit gelegentlichem Eintauchen des Gesichts; Liegestütz in Bauchlage
– Springen fußwärts vom Beckenrand mit Hilfe (Handfassung)
– Gesicht eintauchen bis zum Kopfuntertauchen

Spielformen:
– ‹Eisenbahnspiel›
– ‹Schleppnetz»

Geräte: Tischtennisbälle, Seifendosen

Wasserbewältigung 85

Dritte Stunde

Zielsetzung: Wasserbewältigung durch
1. Widerstand überwinden und nutzen
2. Kopf untertauchen
3. Springen
4. Ausatmen
5. Schweben in Bauchlage

Lerninhalte: 1. Geh- und Laufübungen mit unterstützenden Armbewegungen
2. Untertauchen von Hindernissen
3. Springen ins Wasser ohne Hilfe
4. betontes Ausatmen unter Wasser
5. Liegestütz in Bauchlage mit Lösen der Hände; Angleiten zum Beckenrand mit Gesicht eintauchen

Spielformen: – ‹Hindernislaufen›
– ‹Fangen im Schneeballsystem›
– Ballspiel ‹Köpfe weg›

Geräte: Ball, Stange oder Stäbe

Vierte Stunde

Zielsetzung: Wasserbewältigung im bauchhohen Wasser durch
1. Tauchen mit Orientieren
2. Fußsprünge, vom Beckenrand
3. wiederholtes Ausatmen ins Wasser
4. Schweben in Rückenlage sowie Angleiten in Bauchlage

Lerninhalte: 1. Gegenstände vom Grund bergen, dabei Augen öffnen; partnerweise tauchen, sich dabei ansehen
2. Fußsprünge vom Beckenrand
3. Tauchatmen in Serien von drei- bis fünfmal
4. Angleiten zum Beckenrand von ein bis zwei Meter; Auftreiben in Rückenlage aus dem Liegestütz mit Lösen der Hände; Partnerziehen in Rückenlage

Spielformen: – Ballspiel ‹Köpfe weg›
– ‹Schwarz – Weiß›
– im stütztiefen Wasser: den Ball mit den Füßen spielen

Geräte: kleine Tauchringe, Bälle, Luftballons

Fünfte Stunde

Zielsetzung: Wasserbewältigung im bauchhohen Wasser durch
1. Tauchen mit Orientieren und kopfwärtiger Steuerung
2. Springen mit anschließendem Untertauchen
3. rhythmisches Ausatmen
4. Abstoßen und Gleiten in Bauchlage; Schweben in Rückenlage

Lerninhalte:
1. Tauchen durch die gegrätschten Beine des Partners kopfwärts
2. Fußsprünge mit hohem Absprung, zum Beispiel über eine Stange; Springen mit anschließendem Untertauchen von Hindernissen
3. Wechseltauchen mit rhythmischem Ausatmen
4. vom Angleiten zum Abgleiten in Bauchlage; Schweben in Rückenlage mit anfänglicher Partnerunterstützung am Hinterkopf; Partnerziehen

Spielformen: – Pendelstaffel
– Ballspiel ‹Haltet das Feld frei›

Geräte: Stäbe, Bälle

Sechste Stunde

Zielsetzung:
1. Armbewegung des Brustschwimmens
2. gymnastische Vorbereitung des Unterschenkelschwungs
3. Wasserbewältigung durch Tauchen, Auftreiben, Schweben und Gleiten

Lerninhalte:
1. Brustschwimmarmbewegung im Gehen bei vorgebeugtem Oberkörper; auch mit den Achseln über dem flachen Beckenrand oder über einer Stange liegend
2. im erhöhten Sitz: Unterschenkel pendeln vor – zurück sowie Unterschenkelkreisen, wobei die Fußinnenseiten einen Kreis über dem Boden beschreiben
3. Abtauchen mit Griff der Hände an der Einstiegsleiter; Tauchatmen in Serien bis zu fünfmal, dabei jeweils auf den Grund setzen; Hockqualle und Streckqualle im Wechsel; Abstoßen und Ausgleiten vom Beckenrand

Brustschwimmen 87

Spielformen: ‹Tunnelfahrt›
Geräte: Stange

Siebte Stunde
Zielsetzung: 1. Armbewegung des Brustschwimmens
2. gymnastische Vorbereitung des Unterschenkelschwungs
3. Wasserbewältigung durch Schweben, Gleiten, Atmen und Springen
Lerninhalte: 1. Brustschwimmarmbewegung im Gehen bei vorgebeugtem Oberkörper und eingetauchtem Gesicht; Abstoßen vom Beckenrand, in Gleitlage bis zu drei Armzüge ausführen
2. im erhöhten Sitz: Unterschenkelkreisen, dabei Fußspitzen anziehen und auswärtsdrehen; dieselbe Übung mit den Unterschenkeln im Wasser kreisend; Fußgymnastik
3. fortlaufendes Gleiten; ‹Toter Mann› in Rückenlage bis zu fünf bis zehn Sekunden; rhythmisches Ausatmen mit Griff der Hände an der Überlaufrinne; hohe Fußsprünge über einen Gymnastikstab
Spielformen: ‹Baumstammflößen›
‹Wasserkorbball›
Geräte: Gymnastikstäbe, Ball

Achte Stunde
Zielsetzung: 1. Armbewegung des Brustschwimmens
2. Beinbewegung im Liegestütz in Rückenlage
3. Wasserbewältigung durch Tauchen, Atmen und Gleiten
Lerninhalte: 1. fortlaufendes Gleiten mit je drei Armzügen; Partnerschieben mit je drei bis fünf Armzügen
2. Beinbewegung, auf dem Beckenrand sitzend, mit betontem Abdruck der Innenseiten der Unterschenkel und Füße; dieselbe Übung im Liegestütz rücklings
3. Rolle vorwärts; Stützeln mit regelmäßigem Atmen, Einatmen durch Kopfheben; Abstoßen in Rückenlage mit Partnerhilfe; rhythmisches Atmen fünf- bis zehnmal

88 Lehrgang

Spielformen: ‹Wandertunnel›
‹Wettrudern›
‹Wasserkorbball›
Geräte: Ball

Neunte Stunde
Zielsetzung: 1. Festigen der Armbewegung
2. Beinbewegung in Rücken- und Bauchlage
3. Wasserbewältigung durch Tauchen, Gleiten, Springen und Atmen
Lerninhalte: 1. Üben der Armbewegung bei unterstützten Beinen (Pull-buoys), zum Luftholen Kopf heben
2. Beinbewegung in Rückenlage mit Partnerziehen, Beinbewegung im Liegestütz in Bauchlage; aus dem Abstoß: Gleiten mit je drei Beinbewegungen
3. Hindernistauchen durch Gegenstände oder gegrätschte Beine; Abstoßen und Gleiten in Rückenlage; flache Hechtsprünge über eine auf der Wasseroberfläche liegende Stange; rhythmisches Atmen fünf- bis zehnmal
Spielformen: ‹Schleppnetz›
‹Figurenlegen›
Geräte: Pull-buoys, kleine Tauchgegenstände, Stange

Zehnte Stunde
Zielsetzung: 1. Festigen der Armbewegung
2. Beinbewegung in Rücken- und Bauchlage
3. Wasserbewältigung durch Gleiten, Tauchen und Atmen
Lerninhalte: 1. Armbewegung über Strecken bis zu 12 Meter mit und ohne Hilfsmittel (Pull-buoys), zum Einatmen Kopf heben
2. Beinbewegung im Rücken-Liegestütz sowie mit Schwimmbretthilfe in Rückenlage; Beinbewegung im Bauchlage-Liegestütz sowie mit Schwimmbretthilfe in Bauchlage
3. Fußsprung ins bauchhohe Wasser mit anschließendem Gleitabstoß vom Grund; Tauchen nach Gegen-

Brustschwimmen   89

ständen kopfwärts im brusthohen Wasser; mit vorgebeugtem Oberkörper durch das hüfthohe Wasser gehen mit regelmäßigem Ausatmen ins Wasser, Einatmen durch Kopfheben

Spielformen: ‹Torpedoschießen› (Bauch- und Rückenlage)
‹Wasserkorbball›

Geräte: Pull-buoys, Schwimmbretter, Ball

Elfte Stunde

Zielsetzung: 1. Festigen der Teilbewegungen im Hinblick auf die Gesamtbewegung des Brustschwimmens
2. Tauchen und Springen mit kopfwärtiger Steuerung

Lerninhalte: 1. kurze Bahnen je mit Arm- und Beinbewegung im
Wechsel schwimmen
Bewegungsfolge von je drei Armzügen, danach Arme
ausstrecken und drei Beinschwünge, Gesicht eingetaucht
2. Delphinspringen im hüfthohen Wasser, Hände tauchen zum Boden ab

Spielformen: ‹Wett-Tauchen›

Geräte: Gymnastikreifen, Stäbe

Zwölfte Stunde

Zielsetzung: 1. Gesamtbewegung des Brustschwimmens
2. Atmung des Brustschwimmens
3. Tauchen und Springen mit kopfwärtiger Steuerung

Lerninhalte: 1. Bewegungsfolge von je drei Arm- und drei Beinbewegungen sowie 2:2- und 1:1-Bewegungsfolgen
2. Gehen durch das hüfthohe Wasser mit vorgebeugtem
Oberkörper: Armbewegung mit regelmäßiger Atmung
3. Delphinspringen im bauchhohen Wasser, auch über
Gymnastikstäbe

Spielformen: ‹Torpedoschießen› mit Lagewechsel
‹Wasserraufball›

Dreizehnte Stunde

Zielsetzung: 1. Gesamtbewegung des Brustschwimmens
2. Atmung des Brustschwimmens

	3. Wasserbewältigung durch Atmen, Springen, Tauchen und Auftreiben im schulterhohen Wasser
Lerninhalte:	1. Arm- und Beinbewegung im Verhältnis 1:1, Rhythmisierung der Arm- und Beinbewegung; Schwimmen ohne Atmung mit gelegentlichem Luftholen, Strekken von acht bis zwölf Meter
	2. Armbewegung im Gehen oder Partnerschieben mit regelmäßiger Atmung; rhythmisches Atmen auch als Tauchatmen bis zu zehnmal wiederholen
	3. Fußsprünge ins schulterhohe Wasser, auch mit gleichzeitigem Heraufholen eines Gegenstandes; Abwärtshangeln an der Einstiegsleiter mit anschließendem Auftreiben; Schwimmübungen im schulterhohen Wasser
Spielformen:	‹Wasserraufball›
	‹Wellenbad›
Geräte:	Ball, Tauchringe

Vierzehnte Stunde

Zielsetzung:	1. Festigen der Gesamtbewegung des Brustschwimmens ohne und mit Atmung
	2. Wasserbewältigung im schwimmtiefen Wasser
Lerninhalte:	1. Wiederholte Gesamtbewegung des Brustschwimmens ohne Atmung über Strecken bis zu acht Meter; Gesamtbewegung des Brustschwimmens mit regelmäßiger Atmung
	2. Tauch- und Atemübungen am Beckenrand im Tiefwasser im Stand auf der Standstufe; Fußsprung mit Lehrerhilfe und anschließendem Schwimmen ‹über Eck›
Spielform:	‹Strömendes Wasser›

Fünfzehnte Stunde

Zielsetzung:	1. Festigen der Gesamtbewegung des Brustschwimmens mit Atmung
	2. Rückenschwimmen mit Brustschwimmbeinbewegung
	3. Wasserbewältigung im schwimmtiefen Wasser
Lerninhalte:	1. Wiederholte Gesamtbewegung mit Atmung über

Strecken bis zu zwölf Meter im Wechsel mit Tauchatmen am Ort

2. Brustschwimmbeinbewegung in Rückenlage
3. Springen ins Tiefwasser und Brustschwimmen ‹über Eck›
   Springen und Brustschwimmen am Rand entlang bis zu zwölf Meter
   Tauchübungen am Beckenrand bis zu zwei Meter Tiefe

Spielformen: ‹Strömendes Wasser›
Lustige Sprünge ins Tiefwasser

Als Möglichkeit zur Überprüfung der erlangten Schwimmfertigkeit können die letzten acht Aufgaben aus dem «Anhang» auf Seite 183 durchgeführt werden.

Geeignete Spielgeräte,
Bewegungs- und Auftriebshilfen für Anfängerschwimmen

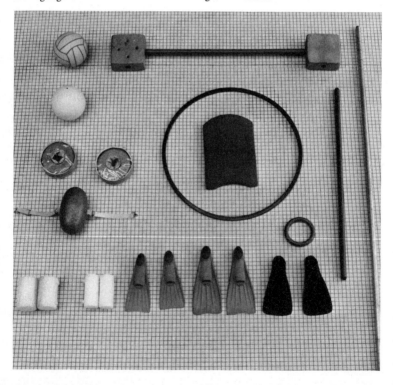

Schwimmenlernen mit Auftriebshilfen

Lehrgang mit dem Schwimmei (nach SILVIA)

Eine der Schwimmlehrmethoden, die eine Auftriebshilfe verwenden, stammt von Charles SILVIA, einem nordamerikanischen Universitätsschwimmlehrer und -trainer. Die Auftriebshilfe besteht aus einem eiförmigen Schwimmkörper, der mit einem Gurt um die Taille geschnallt wird. So liegt er fest auf dem unteren Teil des Rückens, kann jedoch durch einen Handgriff auch vor den Bauch geschoben werden.

Wie die meisten Methoden, die in den USA große Verbreitung fanden, zielt sie auf das Erlernen des Kraul- und Rückenkraulschwimmens ab, sowie auf je eine Überlebenstechnik in Bauch- und Rückenlage. Sie richtet sich an Erwachsene und Kinder in einem Alter, in dem sie die Anleitungen und Erklärungen des Schwimmlehrers bereits verstehen und ausführen können. SILVIA ist nämlich davon überzeugt, daß gerade das Verständnis, wozu die einzelnen Lernschritte dienen, zum rascheren und vollständigeren Lernerfolg führt. Er geht zudem davon aus, daß der Nichtschwimmer zunächst lernen muß, wie er mit Hilfe der Hände und Füße seinen Kopf über die Wasseroberfläche hebt und seinen Körper vorwärts bewegt. Dann erst kann er den ‹Schock› bewältigen, den er erlebt, wenn er das Gesicht ins Wasser legt. Wird nämlich das Eintauchen des Kopfes erzwungen, bevor ihn der Schwimmschüler aus eigener Fähigkeit über Wasser halten kann, so ergibt bzw. verstärkt dies die Abneigung gegenüber dem Wasser.

Dementsprechend kommt dem bewußten Einsatz der Hände und Füße größte Bedeutung zu.

Damit der Nichtschwimmer ohne ‹Stress› und mit gezielter Aufmerksamkeit die richtigen Bewegungen seiner Hände und Füße erlernt, hält ihn das Schwimmei während dieser Lernzeit an der Wasseroberfläche. Beim Erlernen des Beinschlags erhält er zusätzlich ein Schwimmbrett zwischen die ausgestreckten Arme, das wiederum eine hohe Kopfhaltung erlaubt.

Bevor die auftriebgebenden Hilfen abgebaut werden, muß neben den Hand- und Fußbewegungen die Atmung beherrscht werden. Die kontrollierte Atmung besteht aus tiefem Einatmen durch den Mund, mehrsekündigem Atemanhalten mit dem Gesicht im Wasser und schnellem Ausatmen durch die Nase. Danach fängt der Atemvorgang wieder von vorn an.

Die wesentlichen Merkmale des Anfängerschwimmens nach SILVIA lauten:

- Lernziele sind Kraulschwimmen sowie Überlebenstechniken in Bauch- und Rückenlage.
- Erklärung und Begründung der Lehreranweisungen sollen den Lernerfolg steigern.
- Schock und Stress des Untertauchens werden durch Schwimmei und Schwimmbrett vermieden.
- Der bewußte Einsatz der Hände und Füße zum Anheben des Kopfes wird während der Unterstützung durch die Auftriebshilfen zuerst gelernt.
- Die kontrollierte Atmung setzt den Schwimmschüler instand, bei angehaltener Luft im Wasser zu schweben und zum Ein- und Ausatmen den Kopf zu heben.

Wie geht nun der Schwimmunterricht im einzelnen vor sich? – Der Lehrer befindet sich als erster im Wasser, um den Anfängern Sicherheit zu bieten. Zuvor macht er auf den Wasserdruck und auf die Tatsache aufmerksam, daß man im Wasser kräftiger als an Land einatmen muß. Er erklärt jedoch auch, daß er nichts fordern wird, was nicht jeder Anfänger schaffen kann.

Nachdem die Schwimmhilfen angelegt sind, begeben sich die Schüler ins Wasser. Im Falle eines flachen Beckenrandes knien sie sich einfach mit dem Rücken zum Wasser hin, stützen die Hände auf die Becken-

kante und rutschen mit einem Bein voran ins Wasser (siehe Foto unten links). Auf gleiche Weise kann das Wasser wieder verlassen werden.
Nun kommt es zunächst darauf an, daß alle Anfänger sich soviel wie möglich im Wasser bewegen. Aufgrund des Auftriebs durch das Schwimmei kann der Kopf gut über Wasser gehalten werden; die Schultern sollen jedoch unter Wasser bleiben.
Als nächstes wird die exakte Abstoßtechnik in Bauch- und Rückenlage bei erhobenem Kopf gelernt: in der Bauchlage mit Schwimmei und -brett, in der Rückenlage lediglich mit Schwimmei. Zum Abstoß in der Bauchlage hält sich der Anfänger mit einer Hand am Beckenrand fest, die andere Hand hält das Schwimmbrett auf der Wasseroberfläche; die Füße sind gegen die Wand gesetzt. Dann läßt er den Beckenrand los und umfaßt das Brett mit beiden Händen, um abzustoßen und zu gleiten. Den Ängstlichen oder Ungeschickten unterstützt der Lehrer, indem er mit einer Hand den Oberarm, mit der anderen das Brett faßt und den Schüler in die gestreckte Körperlage hineinzieht (siehe Foto unten rechts). Der Abstoßvorgang fällt mit der Aufforderung «Los» des Lehrers zusammen, wie grundsätzlich alle Übungen auf dieses Lehrerkommando beginnen sollten.
Zur Unterstützung des Abstoßenden in Rückenlage greift der Lehrer mit beiden Händen von hinten unter die Achseln des Nichtschwimmers (siehe Foto Seite 96 oben links).

Wichtig ist der Hinweis «Kinn hoch» für die gestreckte Rückenlage, obwohl das Schwimmei auf dem Bauch ein Untersinken verhindert.
Abstoßen und Gleiten führen zum Erlernen des Wechselbeinschlags: Beine abwechselnd auf- und abschlagen, dabei die Füße strecken! Mit den Füßen spritzen! Allerdings dürfen sich die Knie nicht zu stark beugen, so daß sie zum Beispiel in Rückenlage nicht über der Wasseroberfläche zu sehen sind.
Für das Erlernen der Kraularmbewegung – natürlich mit dem Schwimmei auf dem Rücken – ist es wichtig, auf die Hände zu achten: «Schwing deine Hände nach vorn.» Hand, Arm und zugehörige Schulter bilden eine Einheit, die ein wenig träge nach vorn geschwungen wird (siehe Foto oben rechts). Der erhobene Kopf dreht sich jeweils zur Seite der abwechselnd schwingenden Arme mit, so daß der Körper insgesamt um seine Längsachse rollt.
Möglichst schnell folgt die Gesamtbewegung des Kraulschwimmens: «Hände schwingen, Füße spritzen.» Wer sich in der Waagerechten unsicher fühlt, schwimmt mit fußwärts abfallendem Körper oder sogar in der Senkrechten.
In diesem Fall muß jedoch der Lehrer helfen und dem Anfänger ein

wenig Vortrieb geben. Dem Ungeschickten führt er anfänglich die Arme in der Kraulbewegung.
Alle Übungsversuche des Kraulschwimmens und des Rückenkraulschwimmens beginnen aus dem Abstoß mit nachfolgendem Gleiten. Auch das Rückenkraulschwimmen verlangt eine kontrollierte Armbewegung: Der Arm schwingt gestreckt über Wasser zurück, die Hand taucht mit der Kleinfingerkante (siehe Foto oben) ein. Danach zieht sie knapp unter der Oberfläche durch das Wasser.

Fast noch bedeutsamer als Kraulschwimmen ist für SILVIA die Überlebenstechnik. Auch sie wird zunächst mit angelegter Schwimmhilfe erlernt. Als Voraussetzungen gelten ebenfalls der bewußte Einsatz der Hände für das Heben des Kopfes und der kontrollierte Atemvorgang.
Begonnen wird mit dem Abstoßen in Bauchlage, jedoch ohne Schwimmbrett. Nach tiefer Einatmung werden das Gesicht ins Wasser gelegt und die Luft angehalten, bis die Beine von der Hüfte ab nach unten sinken (Hechtposition). Durch Abwärtsdruck der ausgebreiteten Arme mit nach unten gerichteten Handflächen wird der Kopf angehoben.

Während des Kopfhebens gilt es,
- durch die Nase kräftig auszuatmen und danach
- durch den Mund tief einzuatmen.

Während der folgenden vier bis fünf Sekunden wird das Gesicht wieder ins Wasser getaucht und der Atem angehalten.

Bei der Überlebensübung in der Rückenlage ist das Schwimmei auf den Bauch gebunden. Die Arme befinden sich seitlich neben dem Körper, um den gleichgewichtigen Schwebezustand im Wasser herzustellen. Mit zunehmender Geübtheit werden die Arme in Schulterhöhe oder sogar in Kopfhöhe seitlich ausgebreitet (siehe Foto oben).

Zu jeder Unterrichtsstunde gehören einige Kopfgleitsprünge aus dem Sitz oder aus dem Hockstand. Dabei liegt der Kopf zwischen den vorgestreckten Armen; die Zehen greifen um die Beckenkante. Wenn der Körper genügend weit vorgekippt ist, strecken sich die Beine. Auch bei diesem Lernvorgang kann der Lehrer gute Hilfe bieten, indem er im Wasser stehend mit einer Hand die Fingerspitzen und mit der anderen unter die Achsel des Anfängers greift (siehe Foto Seite 99). Auf diese Weise verhindert er, daß der Lernende ins Wasser hineinplumpst, und läßt ihn ins Wasser hineingleiten.

Schwimmei

SILVIA empfiehlt grundsätzlich, das Schwimmei erst dann abzuschnallen, wenn der Schwimmschüler die Bewegungsabläufe und die Atemkontrolle sicher beherrscht und zudem genügend Vertrauen in seine eigenen schwimmerischen Fähigkeiten gefaßt hat.

Lehrgang mit Schwimmflügeln (nach BAUERMEISTER)

Die Methode von Heinz BAUERMEISTER, wie sie in vielen privaten Bauermeister- und Nachfolge-Schwimmschulen angewendet wird, geht fast immer von folgenden äußeren Bedingungen aus: Der Unterricht findet in einem privaten Lehrbecken ohne störende äußere Einflüsse statt. Die Wassertemperatur beträgt 32 bis 33 Grad Celsius. Das Becken hat eine Wassertiefe, in der die Lehrkraft stehen kann, die Schüler jedoch von Anfang an schwimmen müssen und für diese Tiefwassersituation bedeutet.
Für seine Tiefwassermethode entwickelte BAUERMEISTER Oberarm-

schwimmhilfen, das sind aufblasbare Plastikhüllen mit eingelegtem unsinkbarem Styroporkern (siehe Foto). Eine Tiefwassermethode hat jedenfalls den einen Vorteil, daß die Schwimmschüler sich im Verlauf des Lehrgangs nicht von der Flach- an die Tiefwassersituation umgewöhnen müssen.

Die Unterrichtszeit beträgt insgesamt 21 Einheiten von je 45 Minuten bei einer Verteilung von drei- bis fünfmal pro Woche. Einer Unterrichtsgruppe gehören in der Regel sechs bis sieben Kinder an. Dem Lehrgang geht meistens eine Einführungsveranstaltung voraus. Während des eigentlichen Unterrichts sind die Eltern nicht mehr anwesend.

Eine Ausnahme bildet die erste Stunde, in der sowohl Eltern als auch die Kinder den Unterrichtsablauf kennenlernen sollen. Anfang und Ende der Unterrichtseinheiten sollen möglichst gleich gestaltet werden zugunsten eines gewissen Ordnungsrahmens: So beginnt der Unterricht mit dem Anlegen der Oberarmschwimmhilfen und dem gemeinsamen Duschen, dem Klettern ins Becken und dem Spiel ‹Springbrunnen›. Er endet mit Sprüngen vom Beckenrand und dem Empfang von Belohnungen wie Gummibärchen oder Dauerlutschern.

Eine wichtige Rolle spielt das Vertrauensverhältnis der Kinder zum Schwimmlehrer. Es wird außer durch die dichte Folge der Unterrichtseinheiten und durch die geringe Gruppenstärke positiv beeinflußt durch eine Methode, die ständig Motivationshilfen gibt: Die Lehrkraft bemüht sich um häufiges Lob; die Aufgaben werden eingeleitet mit «Du darfst . . .»; es werden möglichst viele Erfolgserlebnisse geschaffen; während des ganzen Unterrichts herrscht eine kindgemäße Sprache vor; der Lehrer befindet sich während der ganzen Unterrichtszeit mit im Wasser und spielt sozusagen mit den Kindern Schwimmenlernen.

Die inhaltlichen Schwerpunkte des Lehrgangs sind Schwimmen, Tauchen und Springen. Von der ersten Stunde an wird das Brustschwimmen gelehrt, wobei die Beinbewegung als Stoßgrätsche, die sogenann-

Schwimmflügel 101

te Froschgrätsche, den Anfang macht. Da die Kinder beim Schwimmen den Kopf steil über Wasser halten, soll die Atmung bei geschlossenem Mund durch die Nase erfolgen. Wesentlich für den Lernerfolg im Schwimmen ist das Steigern der Schwimmleistung als Ausdauerfähigkeit unter allmählicher Verminderung der Auftriebshilfe.

Parallel zu den Übungen des Brustschwimmens wird die Wasservertrautheit gefördert, und zwar über Aufgaben des Tauchens und Springens. Aufgaben zur Wasservertrautheit und Wassersicherheit sind:

- Die Kinder springen zunächst aus dem Sitz vom Beckenrand mit und ohne Lehrerhilfe, wobei bis zur sechsten Unterrichtseinheit der Sprung selbständig beherrscht werden sollte. Als Absprungstelle wird auch die Einstiegsleiter mit einbezogen sowohl für fuß- wie für kopfwärtiges Eintauchen. Springen bildet immer den Abschluß der Unterrichtsstunden.

- Tauchen wird über folgende Stufen aufgebaut: Bis zur fünften Unterrichtseinheit sollen die Kinder das Gesicht ins Wasser legen können. Spiele wie ‹Alle meine Entchen› oder ‹Sekunden zählen› im Sinne des Zeittauchens steigern die Tauchfähigkeit systematisch. Bei einer anderen Übung werden die Kinder durch den Lehrer getaucht; sie müssen dabei die Augen öffnen und selbständig zur Oberfläche auftreiben. Später hangeln die Kinder an den Einstiegsleitern abwärts und holen dabei auch auf den Leitersprossen liegende Tauchringe an die Oberfläche.

- Regelmäßiges Ausatmen ins Wasser spielt in der BAUERMEISTER-Methode keine Rolle, da der Kopf über Wasser bleibt. Im Hinblick auf das Tauchen ist es jedoch von Bedeutung, den Mundschluß zu üben sowie das Atemanhalten zu beherrschen. Beim Schwimmen wird später ohne größere Schwierigkeiten bei geschlossenem Mund durch die Nase geatmet.

Das Brustschwimmen wird in Teilbewegungen gelehrt, die dann, wenn der Schwimmschüler Bein- und Armbewegung selbständig ausführen kann, zur Gesamtbewegung verbunden werden. Methodische Hilfsmittel bei der Technikvermittlung sind vor allem die kindgemäßen Bewegungsbezeichnungen und die Bewegungsführung durch den Lehrer. Die Stufen der Lernteilziele des Brustschwimmens können wie folgt angegeben werden:

- In den ersten fünf Unterrichtseinheiten wird die ‹Froschgrätsche› (Stoßgrätsche), genannt Frosch, im Sitz auf dem Beckenrand und in der Rückenlage eingeführt bis zur selbständigen Anwendung in

Rücken- und Bauchlage. Parallel dazu laufen die Tauch- und Sprungübungen weiter.
- Die Armbewegung ist Schwerpunkt der nächsten drei Unterrichtseinheiten. Sie wird in Form des ‹kleinen Armkreises› geübt, der vom Lehrer zunächst demonstriert und als Bewegungsablauf der Kinder von ihm geführt wird. Der kleine Armkreis endet jeweils in einer betonten Streckung der Arme nach vorn.
- Die Gesamtbewegung schließlich besteht aus dem ‹Armkreis›, anschließendem ‹Frosch› und nachfolgender Pause. Die Beinbewegung kann jeweils vom Lehrer im Anschluß an die Armbewegung geführt werden.

Nach dem Erlernen der Gesamtbewegung steht in weiteren sieben Unterrichtseinheiten die allmähliche Verminderung der Schwimmhilfen im Vordergrund, so daß die Kinder meistens nach etwa 15 Stunden fünf bis zehn Meter frei schwimmen können. Die Schwimmfertigkeit wird dann weiter ausgebaut hinsichtlich Verlängerung der Schwimmstrecke und damit verbundener Ausdauerfähigkeit. Endgültige Lernziele sind die Frühschwimmerprüfung über 25 Meter (gemäß Komitee Sicherheit für das Kind) und schließlich ein Sicherheitsschwimmen in Kleidern (siehe Foto).

Schwimmflügel 103

Inhaltliche und methodische Stufen des Lehrgangs nach Bauermeister

Wassergewöhnung
Auftriebsgeräte: Oberarmschwimmhilfen (aufgeblasen)
Methode: Vormachen – Nachmachen im Tiefwasser
Lerninhalte: Mund, Nase und Gesicht eintauchen; rhythmische Bewegungsabläufe; Springen, Tauchen
Spielformen: Zeitzählen, ins Wasser blasen, Lieder singen, Ringe heraustauchen, Duschen, Wasserspritzen

Beinbewegung (‹Frosch›)
Auftriebsgeräte: Oberarmschwimmhilfen (aufgeblasen)
Methode: Vormachen – Nachmachen im Tiefwasser; Bewegungsführung durch den Lehrer; Einzel- und Gruppenkorrektur
Lerninhalt: Beinbewegung auf dem Beckenrand, im Wasser in Bauch- und Rückenlage mit und ohne Führung durch den Lehrer
Spielformen: Eisenbahnspiel (alle schwimmen hintereinander)
Autobahnspiel (es darf überholt werden)
Weltreise (jede Beckenecke ist ein Erdteil)

Armbewegung (‹kleiner Armkreis›)
Auftriebsgeräte: Oberarmschwimmhilfen (aufgeblasen)
Methode: Vormachen – Nachmachen im Tiefwasser; Bewegungsführung durch den Lehrer; Einzel- und Gruppenkorrektur
Lerninhalte: Armzug mit und ohne Führung durch den Lehrer, Armzug ohne Beinbewegung
Spielformen: Eisenbahnspiel, Indianerspiel (schwimmen, ohne zu spritzen)

Gesamtbewegung des Brustschwimmens
Auftriebsgeräte: Oberarmschwimmhilfen (aufgeblasen bzw. teilaufgeblasen)
Methode: Vormachen – Nachmachen im Tiefwasser; Lehrer führt die Beinbewegung zur selbständigen Armbewegung und umgekehrt; verbale Rhythmusunterstützung («Armkreis und Frosch, Armkreis und

Frosch»); Einzel- und Gruppenkorrektur; schritt-
weise Verringerung der Auftriebshilfen

Lerninhalt: festgelegte Strecken schwimmen im Gesamtbewe-
gungsablauf; allmähliche Verlängerung der
Schwimmstrecken

Spielformen: Autobahnspiel, Tierspiel, Fischespiel

Brustschwimmen mit verringerter Auftriebshilfe

Auftriebsgeräte: Oberarmschwimmhilfen (teilweise aufgeblasen
bzw. luftleer), Styroporringe

Methode: kontinuierlicher Abbau der Auftriebshilfen im
Tiefwasser; Differenzierung der Anforderungen
nach individuellem Leistungsstand; Einzel- und
Gruppenkorrektur

Lerninhalt: mehrfach festgelegte Strecken schwimmen; Wechsel von Bauch- und Rückenlage

Verlängerung von Schwimmstrecke und -zeit

Auftriebshilfe: keine

Methode: von kleinsten Schwimmstrecken ausgehend (zwei
Meter) allmähliche Verlängerung (drei Meter,
Querbahn, Längsbahn, eine Runde, zwei Runden
usw.); Aufgaben verbinden

Lerninhalte: festgelegte Zielpunkte anschwimmen; Steigerung
der Schwimmleistung; gelernte Bewegungsfertigkeiten mit längeren Schwimmstrecken verbinden

Spielformen: Springen und zum Rand schwimmen (Springen,
Tauchen und Schwimmen verbinden)

Prüfung: Frühschwimmer

Kleiderschwimmen

Auftriebshilfen: keine; Erschwernis durch Straßenkleidung

Methode: psychische Vorbereitung (Neugier und Erwartung
wecken) während des letzten Drittels der Unterrichtseinheiten

Lerninhalt: Erprobung und Anwendung gelernter kombinier-
ter Bewegungsfertigkeiten; in neuer Situation ein-
maliger Test: Trocken ins Wasser springen lassen,
dadurch Verbesserung des Auftriebs (Luftblase in
der Kleidung)

Spielformen: Wettschwimmen; Tauchen in Kleidern

Lehrgang mit Flossen (nach HETZ)

Charakteristisch für die Methode von Gerhard HETZ ist die Verwendung von Schwimmflossen. Diese im Gegensatz zu den passiven Tragehilfen aktive Schwimmhilfe vermittelt auch den ängstlichen Schwimmanfängern – vorausgesetzt, sie legen sich auf das Wasser – selbst bei sparsamen Paddelbewegungen der Füße sowohl Auftrieb als auch Vortrieb. Sie verhelfen den Kindern auf diese Weise frühzeitig zu einem Schwimmerlebnis. Eine weitere Besonderheit des Lehrgangs bietet die Konfrontation des Schwimmschülers mit zwei Schwimmtechniken: Kraulschwimmen und Brustschwimmen.

Alle Schwimmschüler, ob im Vorschul- oder Erwachsenenalter, sollen vor Lehrgangsbeginn häufig in der Badewanne mehrere Sekunden lang das Kopf-ins-Wasser-Tauchen üben, um später nach Anwendung der Tauchübungen im Lehrbecken problemlos Schwebeübungen anschließen zu können. Bei den ersten Tauchübungen muß jedoch sogar in der Badewanne recht behutsam vorgegangen werden. Vor allem die Eltern ängstlicher Kinder müssen dabei viel Geduld aufbringen, um nicht ungewollt noch größere Abneigung gegenüber dem Wasser zu erzeugen. Wenn ein Elternteil mit seinem kleinen Kind zusammen in der Wanne übt, kann er es durch Vormachen anregen; er kann beim Partnertauchen durch Mimik und Gestik das Augenöffnen unterstützen. Besonderen Anreiz bietet das Tauchen nach Gegenständen, zum Beispiel nach einer Art kleiner Münzen.

Der Anfängerschwimmunterricht wird über fünf Wochen hinweg angeboten bei wöchentlich zweimaliger Übungszeit von jeweils 30 bis 40 Minuten. Das Wasser des Lehrbeckens soll 30 bis 32 Grad Celsius warm sein. Die Unterrichtsgruppe besteht aus acht bis zehn Schülern. Dem Buchtitel «Schwimmenlernen – schnell und sicher» entsprechend wird nach zehn Stunden als Lehrgangsziel das Schwimmen ohne Hilfsmittel im Tiefwasser angestrebt, und zwar über eine Strecke von acht bis zehn Meter. Obwohl während des Lehrgangs sowohl Übungen des Kraul- und Brustschwimmens durchgeführt werden, wird das Lehrgangsziel im Brustschwimmen überprüft. HETZ weist in seinem Buch auf die Notwendigkeit hin, die erworbenen Schwimmfertigkeiten in einem «Fortgeschrittenenkurs» weiter zu vervollkommnen. Solche weiterführenden Kurse werden in den privaten Schwimmschulen denn auch angeboten.

Die wesentlichen Merkmale des 10-Stunden-Lehrgangs lauten:
1. Die Schwimmbewegungen werden mit Hilfe von Flossen erlernt.
2. Der Lehrer besteht nicht auf den exakten Bewegungsmustern der Sportschwimmtechniken.
3. Die Schwimmausbildung gilt nach diesem Lehrgang noch nicht als abgeschlossen.
4. Der Schwimmschüler wird mit mehrfach unterschiedlichen Lerninhalten und Lernbedingungen konfrontiert durch
- häufigen Wechsel von Übungen des Kraul- und Brustschwimmens,
- frühzeitigen Abbau der Gerätehilfen Schwimmbrett und Flossen;
- Wechsel von Flachwasser- und Tiefwassersituation unter frühem Übergang zum Tiefwasserschwimmen;
- häufige Änderung der Körperlage beim Schwimmen mit flach gestrecktem und aufgerichtetem Körper.

Die Schwimmlage wird in den ersten drei Stunden außer durch Flossen auch durch die Verwendung eines Schwimmbretts unterstützt. Das Brett ermöglicht anfangs das Kopfheben. Später bietet es noch Sicherheit, wenn die Hände den hinteren Rand fassen und der Schüler mit eingetauchtem Gesicht schwimmen soll. Die Reduzierung dieser Schwimmhilfe wird erreicht, indem der Schüler zum Lösen einer Hand bzw. zum häufigen Wechsel der Hände bei eingetauchtem Gesicht veranlaßt wird. Schon in der zweiten Stunde kann allein mit den Flossen Beinschlag geschwommen werden, wenn der Anfänger in der

Lage ist, bei eingetauchtem Gesicht die Arme nach vorn zu strecken und dort gestreckt zu halten.

Bezogen auf diese unterschiedlichen Bedingungen der Geräteverwendung und den Einbezug zweier Schwimmtechniken, können die Lehr- und Lernstufen wie folgt angegeben werden: Der Schwimmschüler lernt in den ersten drei Übungsstunden das Flossen-Beinschlagschwimmen. Daran schließen sich ab der dritten Stunde die Teilbewegungen des Brustschwimmens mit Flossenhilfe an, um schon in der fünften Stunde zur Gesamtbewegung ohne Flossenbenutzung verbunden zu werden. Von der sechsten Stunde an wird bereits im Tiefwasser geübt. Übungskombinationen im Kraul-, vor allem aber im Brustschwimmen werden in jeder Stunde wiederholt. Die Flossen werden zwar einerseits aus Übungsgründen weiterverwendet, andererseits im Interesse des ‹freien› Schwimmens von Stunde zu Stunde weniger eingesetzt. Die Schwimmstrecke wird durch Training bis zu zehn Meter gesteigert sowohl unter Atemanhalten als auch unter Anwendung der regelmäßigen Atmung beim Brustschwimmen.

Inhaltliche und methodische Stufen des Lehrgangs nach Hetz

Erste Stunde

Auftriebsgeräte: Flossen, Schwimmbrett

Methode: Vormachen – Nachmachen im Flachwasser durch den Lehrer bzw. einen guten Schüler; erleichtertes und motivierendes Fortbewegen mit Flossen- und Schwimmbretthilfe; Trockenübung mit Flossen

Lerninhalte: Gewöhnen an die flache Schwimmlage, die Flossen, den Wechselbeinschlag und das Kopf-Eintauchen; Beinschlagübung am Ort über eine längere Zeit; Kraulbeinschlag-Schwimmen mit Flossen und Brett über eine längere Zeit anwenden und festigen

Spielformen: gemeinsame Strampel- und Spritzübungen; freies Flossenschwimmen, z. B. um den Lehrer

Zweite Stunde

Auftriebsgeräte: Flossen, Schwimmbrett

Methode: Vormachen – Nachmachen im Flachwasser; Übungswiederholung aus der vergangenen Stunde; Abbau der Unterstützung durch das Schwimmbrett

Lerninhalt:	Kraulbeinschlag mit eingetauchtem Gesicht, dabei Luft anhalten und Augen öffnen; Lösen der Hände vom Schwimmbrett
Spielform:	z. B. ‹Dampfern›: Überholen beim Flossenschwimmen

Dritte Stunde

Auftriebsgeräte:	Flossen, Schwimmbrett
Methode:	Vormachen – Nachmachen im Flachwasser; Übungswiederholung des Flossen-Beinschlagschwimmens als festgelegte Dreierfolge: Kraulbeinschlag mit erhobenem Kopf mit Schwimmbrett, das gleiche mit Kopf im Wasser, das gleiche ohne Brett
Lerninhalte:	Kraul-Brustschwimmen (Brust-Armzug), Kopf über Wasser; Brustschwimmen mit Flossen, Kopf im Wasser

Vierte Stunde

Auftriebsgeräte:	Flossen
Methode:	Vormachen – Nachmachen im Flachwasser; Erklären der Beinbewegung des Brustschwimmens; Übungswiederholung des Brustschwimmens mit Flossen; Abbau der Flossenhilfe
Lerninhalte:	Brustschwimmen als Gesamtbewegung mit Flossen, Kopf über Wasser, Atmung anwenden; Armbewegung des Brustschwimmens, Kopf im Wasser ohne Beteiligung der Beine und ohne Flossenhilfe; Beinbewegung des Brustschwimmens, Kopf im Wasser, Arme nach vorn gestreckt

Fünfte Stunde

Auftriebsgeräte:	keine
Methode:	Vormachen – Nachmachen im Flachwasser; Vormachen vor allem durch Schüler; Erklären und Korrigieren der Beinbewegung des Brustschwimmens; Aufgabenveränderung im Hinblick auf unterschiedliche Leistungsfähigkeit und bewegungsmäßige Eigenart je Schüler

Lerninhalte:	Teilbewegungen des Brustschwimmens; Koordination von Arm- und Beinbewegung; Brustschwimmen mit Anheben des Kopfes zum Einatmen

Sechste Stunde

Auftriebsgeräte:	Flossen
Methode:	Vormachen – Nachmachen im Flach- und Tiefwasser; Wiederholen des Flossen-Beinschlagschwimmens; Aufgabenveränderung je Schüler
Lerninhalte:	Flossen-Kraulschwimmen unter Einbezug des ‹Anfänger-Kraularmzugs› über Strecken von 6 bis 10 Meter; Aufbau einer Dreier-Übungsfolge für das Brustschwimmen bis zum freien Schwimmen im Tiefwasser: Flossen-Brustschwimmen, Kopf hoch; Flossen-Brustschwimmen mit einer Flosse, Kopf hoch; Brustschwimmen ohne Flossen, Kopf hoch
Spielform:	Springen, z. B. ‹Flieger›: Lehrer wirft die Kinder in die Luft

Siebte Stunde

Auftriebsgeräte:	Flossen
Methode:	Vormachen – Nachmachen im Tiefwasser; Einzelschwimmen, dem Lehrer nachschwimmen, der rückwärts geht; Aufgabenveränderung je Schüler; Wiederholen des Flossen-Kraulschwimmens sowie des Flossen-Brustschwimmens; Reduzieren der Flossenhilfe
Lerninhalte:	Atmung des Brustschwimmens; Brustschwimmen mit einer Flosse bis zu 8 bis 10 Meter; Brustschwimmen ohne Flossen bis zu 4 bis 6 Meter; Steigern des Flossen-Kraulschwimmens ohne Atmung bis zu 10 Meter

Achte Stunde

Auftriebsgeräte:	Flossen
Methode:	Wiederholen von Übungen des Brustschwimmens im Flach- und Tiefwasser; Reduzieren der Flossenhilfe

Übungsinhalte:	Üben mit kleiner Flossenhilfe und Steigern des ‹freien Brustschwimmens› bis zu 8 bis 10 Meter

Neunte Stunde

Auftriebsgeräte:	Flossen
Methode:	Aufgabenveränderung je Schüler; Leistungssteigerung
Übungs-/ Trainingsinhalte:	Wiederholen der Dreier-Übungsfolge des Brustschwimmens, häufiges Querbahnenschwimmen; Kraulschwimmen ohne Flossen von 4 bis 5 bzw. 6 bis 8 Meter mit Betonung der Armbewegung; Verbessern der Bewegungsqualität des Kraulschwimmens durch Flossenhilfe

Zehnte Stunde

Auftriebsgeräte:	Flossen
Methode:	Aufgabenveränderung je Schüler; Fehlerkorrektur; Wetteifern; Leistungsfeststellung im Brustschwimmen
Übungs-/ Trainingsinhalte:	Wiederholung der Dreier-Übungsfolge des Brustschwimmens; Wettschwimmen in Brusttechnik

Schwimmen mit unterschiedlichen Anfängern

Grundsätzlich kann der Mensch in jedem Alter schwimmen lernen. Je früher er schwimmt, desto geringer ist die Gefahr zu ertrinken.

Wenn man sich jedoch die altersmäßig sehr unterschiedlichen Schwimmanfänger vor Augen hält, dann drängt sich natürlich die Frage nach dem günstigsten Alter für das Schwimmenlernen auf.

Das späte Vorschul- und frühe Schulalter eignen sich gut, da einerseits Unbefangenheit dem Wasser gegenüber, Bewegungsdrang und motorische Lernfähigkeit Erfolge bewirken und die nachfolgenden Schuljahre genügend Zeit enthalten, um die gelernte Schwimmfertigkeit auszuweiten und neue Schwimmtechniken hinzuzunehmen. Andererseits gerät bei der Diskussion des günstigsten Schwimmlernalters das Verhältnis von zeitlichem Lernaufwand zum Lernerfolg in das Blickfeld, also die Überlegung, wie viele Schwimmstunden die Anfänger durchschnittlich benötigen, um sicher und technisch richtig schwimmen zu können. Unter Berücksichtigung dieses ‹Wirtschaftlichkeitsgesichtspunkts› hat sich in mehreren Untersuchungen das 3. bis 5. Schuljahr als ideales Alter herausgestellt. Hier lernen die Kinder innerhalb eines Jahres nacheinander mehrere Schwimmarten. Dabei spielt allerdings die Tatsache eine Rolle, daß sich dieses Alter besonders zum Lernen in Gruppen eignet.

Schwimmenlernen in einer Gruppe ist nicht nur wirtschaftlicher als Einzellernen, sondern macht im allgemeinen mehr Spaß – schon wegen der gemeinsamen Spiele –, führt schneller zum Erfolg, gibt zusätzliche Anregungen und ermöglicht eine Reihe von Übungen, die der

Einzelschwimmer nicht allein durchführen kann. Der zweckmäßigen Gruppengröße ist erfahrungsgemäß mit 15 Teilnehmern die obere Grenze gesetzt. Je weiter die Schwimmanfänger nach oben oder nach unten aus dem erwähnten Schulalter herausragen, desto schwieriger wird die Zusammensetzung einer harmonischen und lernwirksamen Gruppe. Man trägt dieser Erfahrung Rechnung, indem man die Gruppen verkleinert bis hin zum Einzelunterricht (Baby/Kleinkind, überängstlicher Erwachsener/Einzelgänger).

Abschließend kann nicht deutlich genug darauf hingewiesen werden, daß über den Erfolg des Schwimmenlernens mehr noch als das Alter die Lernvoraussetzungen von Wassergewöhnung und Wasserbewältigung sowie die persönliche Einstellung entscheiden.

Babyschwimmen

Babyschwimmen führt selten auf direktem Weg zur Schwimmfertigkeit im Sinne einer Sport- oder Kulturtechnik wie der des Brust- oder Kraulschwimmens. Gut ausgeführt, enthält Babyschwimmen jedoch eine Vielzahl von günstigen Entwicklungsreizen und Erlebnissen, die liebevolle Eltern ihrem Kind nicht vorenthalten möchten. Sorgfältiges und genügend ausdauerndes Babyschwimmen kann zudem zu einer altersgemäßen Form der Wasserbewältigung führen, die im Notfall das Baby mehrere Minuten lang an der Wasseroberfläche hält, bis ein Erwachsener zu Hilfe kommt. Nicht zuletzt schafft Babyschwimmen durch Wassergewöhnung und babygemäße Wasserbewältigung ein Verhältnis zum Wasser, mit Hilfe dessen sich im Kindergartenalter erfolgreich schwimmen lernen läßt. Ein unmittelbarer Zusammenhang zwischen dem Babyschwimmen und hervorragenden schwimmsportlichen Leistungen in der Jugendzeit besteht jedoch nicht.

Babyschwimmen bedeutet immer, daß sich die Mutter oder der Vater mit dem Baby im Wasser befindet. Daraus folgt die Notwendigkeit eines knie- bis hüfttiefen Beckens, in dem der Elternteil bei gebeugten Beinen und mit Schultern unter Wasser sicher und ruhig steht. Denn dieses Gefühl der Ruhe und Sicherheit muß sich über den ständigen Körperkontakt auf das Kind übertragen. Schon der Eintritt in das Bassin geschieht, indem die Mutter ihr Kind auf dem Arm trägt, es fest an sich drückt und gemeinsam mit ihm in das Wasser steigt.

Babyschwimmen

Der Körperkontakt zwischen Mutter und Kind ist sozusagen die Quelle der Geborgenheit, aus der heraus alle Schritte des Babyschwimmens eingeleitet werden. Jede Unsicherheit oder jedes unangenehme Empfinden, die bei einer neuen Situation in dem Kind aufkommen, werden dadurch abgefangen, daß die Mutter das Baby an sich kuschelt. Dementsprechend sind Auftriebshilfen wie aufblasbare Oberarmringe und Schwimmkragen nicht tpyisch für das Babyschwimmen, sondern sie können nach vielen Stunden gemeinsamen Mutter-Kind-Übens einmal verwendet werden, um das im Wasser nach Selbständigkeit suchende Kind am Ende einer Schwimmstunde von der Mutter zu lösen. Das setzt aber die babygemäße Wasserbewältigung ebenso voraus wie das offensichtliche Bestreben des Kindes, sich selbst betätigen zu wollen. Sollten sich im Falle mehrerer solcher älterer und selbständiger Kinder die Eltern etwas zurückziehen wollen und nur eine Aufsichtsperson mit den Kindern beschäftigt sein, so sind Schwimmflügel allerdings aus Sicherheitsgründen nötig. Ebenso haben sie ihre Berechtigung, wenn Kleinkinder ohne ständige Aufsicht in der Nähe des Schwimmbeckens spielen.

Die Wassertemperatur für Babyschwimmen beträgt wenigstens 32 Grad Celsius nach vorangegangener allmählicher Abhärtung in der Badewanne; das Wasser wird von der Körpertemperatur auf 32 Grad abgekühlt. Die Chlorierung sollte gleichmäßig und nicht so stark sein, daß die Mutter beim probeweisen Öffnen ihrer Augen unter Wasser Schmerz verspürt. Babies halten nämlich in der ersten Zeit ihre Augen weit geöffnet, wenn ihr Gesicht unter Wasser gelangt.

Babyschwimmen kann nach vorausgegangener ärztlicher Untersuchung mit einem gesunden Baby in der Regel im zweiten Lebensmonat begonnen werden. Je älter das Kind ist, desto stärker hat es schon eigene Spiel- und Verhaltensgewohnheiten entwickelt, die berücksichtigt und in das Spiel im Wasser einbezogen werden müssen, soll es nicht gleich zu Mißfallen und Ablehnung des Wasseraufenthalts kommen. Überhaupt bestimmt das Baby durch Äußerungen entspannten Wohlbefindens und Mißfallenskundgebungen bis hin zum Schreien, was im Wasser gemacht wird oder was nicht.

Die Eltern stellen nur Anregungssituationen im Spiel mit ihrem Kind her und beobachten sorgfältig dessen Reaktion, um das Spiel in der eingeschlagenen Richtung zu wiederholen, weiterzuführen oder im Falle strikter Ablehnung abzubrechen und nach einem anschmiegenden Liebkosen auf ein schon bewährtes Spiel zurückzugreifen.

Dazu bedarf es nicht nur der größten Aufmerksamkeit von Vater oder Mutter gegenüber dem Kleinen, sondern sie müssen sich selber in ruhigem und ausgeglichenem Zustand befinden, weil sie nur so Entspanntheit oder eine Verspannung des Babykörpers wahrnehmen können. Denn noch vor dem Gesichtsausdruck und Geschrei drückt der Spannungszustand des Babys sein Empfinden im Wasser aus.

Neue Übungen (Spiele) werden auch bei Wohlgefallen in der ersten Stunde der Darbietung nur zweimal wiederholt, so daß sich eine Zeit der nachvollziehenden Anpassung bis zur nächsten Stunde ergibt.

Trotzdem gibt es Fälle, in denen einzelne Kinder Übungen trotz mehrfachen vorsichtigen Anbietens entschieden ablehnen. Es hat dann keinen Zweck, mit Gewalt die Übung durchzusetzen: Das Baby

Vorbereitung

wird sich unbequem und unglücklich fühlen, sein Körper verspannt sich. Wenn dies zu oft geschieht, steht der gesamte Erfolg des bis dahin Erreichten auf dem Spiel. So gibt es Kinder, die das Schweben in Rückenlage ablehnen, obwohl Schweben in Bauchlage wegen des Kopfanhebens zum Luftholen viel schwieriger ist. Babies, die nach dem achten Lebensmonat mit dem Schwimmen beginnen, lassen sich nur noch selten zum Schweben auf dem Rücken bewegen.
Bevor das Babyschwimmen beginnt, läßt sich vieles schon beim täglichen Bad in der Badewanne vorbereiten durch
- eine Wassertemperatur von circa 32 Grad Celsius;
- den Griff der Elternhände an Schulter, Nacken, Hinterkopf und Bauch;
- die größere Wassermenge der Familienbadewanne anstelle der Babywanne;
- Kontakt und Spiel mit dem Elternteil in der Badewanne.

Eventuell wird hier auch die Gewöhnung an das Baumwollhöschen vorgenommen, das aus Reinlichkeitsgründen in einem Becken getragen werden sollte, in dem mehrere Babies und deren Eltern gleichzeitig schwimmen. Trotzdem bekommt das Kind eine Stunde vor dem Schwimmen keine Nahrung. Ebenso wie in der Badewanne entfällt vor und nach dem Babyschwimmen das Duschen, weil die unerwarteten und harten Tropfen erschrecken können. Sehr gut üben läßt sich – übrigens auch für die beiden Elternteile –, daß alle Bewegungen wie Fassen, Hochnehmen, Ins-Wasser-Senken und Umdrehen des Kindes ruhig, aber entschieden ablaufen; es gibt kein Zögern und plötzliches Verändern der Bewegungsrichtung. Jede wichtige Übung hat ihr Signal, das mit absoluter Zuverlässigkeit dem eigentlichen Vorgang vorangeht, so daß sich das Baby darauf einstellen kann.

So geht dem Eintauchen des Körpers in senkrechter Stellung ein leichtes Anheben voran. Das Untertauchen des Gesichts wird durch leichtes, ständiges Anpusten des Babygesichts signalisiert, damit sich Mund und Nase schließen (siehe Foto unten).

Schließlich können in der großen Badewanne alle Übungen wiederholt werden, die schon in der Schwimmstunde vorkamen.

Zu fragen ist noch nach Dauer und Häufigkeit der Babyschwimmstunden. Der reine Wasseraufenthalt ohne Umkleiden sollte 30 Minuten nicht überschreiten. Günstiger als wöchentlich einmal 30 Minuten wären zwei bis drei Abschnitte von 20 Minuten an verschiedenen Tagen. Leider läßt sich dies nur selten verwirklichen.

Besondere Aufmerksamkeit muß dem Griff gewidmet werden, mit dem das Baby gehalten wird. Mit Ausnahme des Schwebens in Bauch- und Rückenlage faßt man das aufrecht am Körper gehaltene

Kind derart, daß die Handwurzel auf den Schulterblättern liegt, Daumen und Ringfinger locker den Nacken umfassen, während der gestreckte Zeige- und Mittelfinger den Hinterkopf stützen (siehe Foto rechts).

Zum unterstützten Schweben in der Rückenlage greift die Hand von kopfwärts mit Daumen und Zeigefinger um den Nacken, so daß gestreckter Zeige- und Mittelfinger diesmal unter die Schulterblätter und der Hinterkopf auf den Handteller zu liegen kommen. Das Gesicht des Vaters befindet sich senkrecht über dem des Kindes, so daß es dorthin schaut und den Hinterkopf aufs Wasser legt (siehe Foto unten).

Der Griff in Bauchlage entspricht völlig dem zuletzt beschriebenen für die Rückenlage; hierbei kann der Unterarm zusätzlich den Babykopf

am Kinn hochstützen, was sich durch die Handgelenksbeugung steuern läßt. Beim Wechsel von Bauch- in Rückenlage oder umgekehrt faßt grundsätzlich die zweite Hand von oben auf den Rücken oder Bauch (siehe Foto oben). Das Kind ist sicher zwischen beiden Händen gefaßt *(Sandwich-Griff)*. Der Lagewechsel im Wasser erfolgt ruhig und immer über die gleiche Seite.

Übungen des Babyschwimmens (Lernsituationen)
Blasen pusten
Die Mutter macht dem Baby von Angesicht zu Angesicht vor, so daß es den Luftstrom spürt, dann das Geräusch der Luftblasen im Wasser hört. Ausgangssignal ist das Luftholen mit sichtbarem Aufblasen der Backen.

Untergehen
Signal ist Anheben, danach Anpusten; wenn Mund und Nase geschlossen sind, zügig unter Weiterpusten das Baby senkrecht auf dem Arm untertauchen, bis sich das Gesicht unter Wasser befindet. Mutter bleibt mit Gesicht über Wasser zwecks Beobachtung. Bei Babies über sechs Monaten zunächst nur Mund unter Wasser, dann Mund und Nase, dann das ganze Gesicht!

Später in ruhigem Rhythmus wiederholen und mit zwischenliegenden Einatmungen steigern (siehe Foto rechts). Mit zunehmender Übung wird der Griff gelockert, schließlich gelöst und nur zum Auftauchen wieder gefaßt. Babies schließen während des Untertauchens ihren Mund und pressen die Nasenflügel an, so daß die Atmung unter Wasser blockiert ist. Allerdings verliert sich dieser unbedingte Reflex ungefähr im sechsten Lebensmonat und muß durch einen regelrechten Lernvorgang ersetzt werden.

Kopf eintauchen
Wenn bei sich lösendem Griff (eventuell nur Handfassung) die Mutter sich langsam rückwärts bewegt, gelangt das Kind in nahezu waagerechte Lage. Der Kopf wird aktiv nach vorn eingetaucht.

Torpedogleiten

Nach dem Kopfeintauchen gibt der Vater im Sandwich-Griff einen leichten Schubs auf die nahestehende Mutter zu. Der Schubs erfolgt erst, wenn das Kind den Kopf eingetaucht hat und parallel zur Wasseroberfläche liegt (siehe Foto Mitte). Die Entfernung zwischen den Elternteilen vergrößert sich allmählich, um nach dem ‹Torpedo› das Baby zu Arm- und Beinbewegungen zum Zielpartner hin zu veranlassen. Später kann als Ziel auch die Beckenrinne oder Treppenstufe gewählt werden, nachdem das Greifen und Festhalten an diesen Zielen zuvor gelernt wurde (siehe Foto unten).

Übungen 121

Springen
Das Baby sitzt auf dem Beckenrand. Der Vater steht vor ihm im Bassin, greift es mit dem gewohnten Griff in aufrechter Stellung und hebt es unter Anpusten sanft ins Wasser. Die ersten Male gelangt das Gesicht noch nicht unter Wasser; wohl aber wird das Kind jedesmal nach dem Eintauchen in ruhiger Bewegung auf den Rücken gelegt und schwebt so bei Unterstützung durch die Vaterhand. Nachdem allmählich die Festigkeit des Griffs gelöst wurde, läßt sich der Sprung aus dem Sitz mit Handfassung (siehe Foto), dann mit sichernder Begleitung der Hand schließlich zum Sprung in gleicher Weise aus dem Stand auf dem Beckenrand steigern.

Schweben
Babies unter acht Monaten schweben am besten in Rückenlage, wenn sie ihre Arme unter der Wasseroberfläche belassen (günstigstenfalls seitlich ausbreiten). Deshalb sollte die Mutter ihre Hand nahe dem Kind lassen, um den Kopf zu unterstützen, falls sich das Kind überstreckt, das heißt den Kopf nach hinten unter Wasser bekommt, oder sich setzt oder die Arme aus dem Wasser hebt. Die richtige Kopfstellung kann jedoch weitgehend dadurch gesteuert werden, daß die Mutter von hinten mit ihrem Gesicht über dem Gesicht des Babys bleibt und mit ihm spricht. Der Blick auf die Mutter oder auf andere Blickfänge über dem Kind ergibt meistens die günstigste Kopfstellung.

Eltern-Kind-Schwimmen

Das Eltern-Kind-Schwimmen findet im vorschulischen Bereich statt für ein Alter, in dem die Kinder in der Regel noch nicht in einer Gruppe von einem Lehrer unterrichtet werden können. Die jüngeren Vorschulkinder brauchen als Bezugsperson einen Elternteil, der ihnen geduldig und mit der von ihnen gewohnten Sprache den Übergang in die fremde Umgebung des Schwimmbads und vor allem in das Medium Wasser vermittelt. Eltern geben den nötigen Rückhalt beim Eintritt in die ‹große Badewanne› des Lehrschwimmbeckens.

Eine Möglichkeit des Eltern-Kind-Schwimmens ohne festen Organisationsrahmen ist, wenn Vater oder Mutter ihren Sprößling in einer Art Do-it-yourself-Verfahren an das Wasser gewöhnen und ihm dann die Anfangsgründe der Wasserbewältigung und des Fortbewegens im Wasser beibringen. Die Wasserbetreuung eigener Kinder geschieht heute schon in einem frühen Alter, wenn man zum Beispiel die Kleinstkinder – kaum zwei Jahre alt – in Schwimmbäder mit ausreichend temperiertem Lehrschwimmbecken (ab 27 Grad) oder bei warmen Sommertemperaturen in freie Gewässer mitnimmt. Sie dauert solange, bis sich ein entsprechender Unterricht durch eine Institution finden läßt, was häufig erst für vier- bis sechsjährige Kinder der Fall ist.

Daneben versteht man unter Eltern-Kind-Schwimmen die organisierte Unterrichtsform – gelegentlich veranstaltet von Sportämtern, Sportvereinen und der DLRG –, bei der Vater oder Mutter unter Anleitung eines Schwimmlehrers Partneraufgaben mit ihren Kindern durchführen. Häufig werden sie vorher auf einer Einführungsveranstaltung in die Methode eingeführt. Das Alter des Kindes beträgt meistens drei bis vier Jahre. Der Schwimmlehrer stellt die Aufgaben, die von Eltern und Kindern gemeinsam gespielt und geübt werden. Beim Üben der Wassergewöhnung und -bewältigung und später der Schwimmbewegungen gibt der Elternteil Hilfestellung oder führt zunächst die Arm- und Beinbewegungen des Kindes mit den Händen.

Ein Schwimmunterricht am Leitfaden der *Grundsatzlehrweise* sollte auch für das Eltern-Kind-Schwimmen eine klare Zielsetzung verfolgen:

Entweder ist für die Drei- bis Vierjährigen das Lernziel eine gründliche Wassergewöhnung und Wasserbewältigung im Sinne einer Art Vorbereitungsphase, wobei das Techniklernen auf ein späteres günsti-

Lernziele   123

geres Lernalter verschoben wird. Angelegt werden soll jedoch schon
ein vielseitigeres Bewegungsrepertoire, das Eltern und Kindern beim
Freizeitschwimmen viele freudvolle Aktivitäten eröffnet. Wasserbewältigung soll dabei schon soweit verstanden werden, daß sich das
Kleinkind – fällt es einmal unbeabsichtigt ins Wasser – jederzeit an
den sicheren Beckenrand bzw. an das Ufer retten kann.

Oder aber der Unterricht wird, aufbauend auf Wassergewöhnung und
Wasserbewältigung in Form von Tauchen und Springen, Atmen,
Schweben und Gleiten, zum Brust- oder Kraulschwimmen weiterge-
führt, um durch wohlgeübte Schwimmbewegungen ein noch größeres
Maß an Wassersicherheit zu erwerben. Beherrschte Bewegungsabläufe geben den Kindern mehr Sicherheit, in Gefahrensituationen zu
überleben und das nahe Ufer selbständig zu erreichen. Doch müssen
bei diesem Lernziel die bei Kleinkindern ungünstigen bewegungsmäßigen und sprachlichen Voraussetzungen berücksichtigt werden, die
viel Geduld und eine erheblich längere Lernzeit als bei den älteren
Vorschulkindern oder Schulkindern erfordern.

Ob sich Schwimmlehrer oder Eltern für das Brust- oder Kraulschwim-
· men als Anfangsschwimmart entscheiden, wesentlich ist, daß sich das
Kind kraftsparend vorwärtsbewegt, und das tut es vor allem, wenn es
seinen Kopf vom Wasser tragen läßt. So ist es in diesem Alter auch
beim Brustschwimmen eine gute Lösung, etwa zwei bis drei Züge mit
eingetauchtem Gesicht zu schwimmen, um sich dann aufrichtend Luft
zu schöpfen und erneut in flacher Schwimmlage weiterzuschwimmen.
Für Kraulschwimmen gilt das gleiche, wobei allerdings ein geschicktes
Atmen während der Wechselarmbewegung schwieriger zu gestalten
ist. Dafür bietet sich dem kraulschwimmenden Kind jedoch die Möglichkeit, sich nach Drehung in die flache Rückenlage beim Schwimmen mit Rückenbeinschlag zu erholen.

Im Zusammenhang mit dem Eltern-Kind-Schwimmen muß im Interesse der Wassersicherheit des Kindes eine weitere Rolle der Eltern angesprochen werden. Sie haben zu Beginn der Ausbildung durch ihre
körperliche Nähe und ihre stetigen Verstärkungen bei jedem Fortschritt im Lernprozeß wesentlich den Einstieg ins unbekannte nasse
Element erleichtert. Im Verlauf der Ausbildung kommt es aber darauf
an, der Selbständigkeit der Kinder immer mehr Raum zu geben. So,
wie beim Schwimmenlernen mit Auftriebshilfen diese immer mehr abgebaut werden, müssen sich auch Vater und Mutter immer mehr vom
unmittelbaren Hilfegeben, ständig in erreichbarer Nähe-stehen, zu-

rückziehen, um ihrem Kind Vertrauen in die eigene Leistungsfähigkeit zu geben. Und so ist das Eltern-Kind-Schwimmen im Kleinst- und Kleinkindalter als eine Art Durchgangsstufe anzusehen zu einer Brauchkunst, die das Kind unabhängig von Betreuern leisten muß. Schwimmenlernen in diesem Alter stellt ab auf Wasserbewältigung und Wassersicherheit, auf die Fähigkeit zur Selbstrettung.

Der Abbau der Eltern-Kind-Beziehung kann im Unterricht erfolgen durch Partnerwechsel mit anderen Eltern und kleinen Spielen in Gruppen mit anderen Kindern, schließlich durch völligen Rückzug der Eltern aus der Unterrichtsgruppe. Nach erfolgreichem Abschluß eines Eltern-Kind-Kurses oder einer erfolgreichen Saison im Do-it-yourself-Verfahren erhebt sich natürlich die Frage: Wie stabil ist die frisch erlangte Wasserbewältigung? – Die Antwort wird unterschiedlich ausfallen, und es bedarf sorgfältiger Beobachtung bei Schwimmbadbesuchen nach längeren Zwischenzeiten. Mindestens bis zum Schulalter tragen Eltern eine Verantwortung für die Sicherheit ihrer Kinder, für deren Beaufsichtigung am Wasser und das weitere ‹Training› ihrer Selbstrettungsfähigkeit.

Beispiele für Eltern-Kind-Übungen
- Gehen und Laufen mit Handfassung im Wasser
- Ziehen: in Bauchlage an den gestreckten Armen bzw. in Rückenlage mit Griff einer Hand unter dem Kopf
- Wechselatmen, dabei allmählich Luftblasen beobachten
- Gemeinsames Untertauchen, dabei anschauen
- Wechseltauchen
- Finger zählen
- Tauchen durch die gegrätschten Beine
- Erste Sprünge fußwärts ins Wasser mit Handfassung
- Hin- und Herschieben des Kindes zwischen den Eltern
- ‹Torpedoschießen›

Vorschulschwimmen

Seit den sechziger Jahren hat sich nicht nur das Anfangsalter im Schulschwimmen nach unten verschoben – meistens beginnt seither der Anfängerschwimmunterricht im dritten Schuljahr der Grundschule –, sondern es sind auch im außerschulischen Bereich Angebote im Vorschulschwimmen für Eltern sehr attraktiv geworden und von ihnen sehr gefragt. Hauptmotiv ist hier die Sicherheit der Kinder, die gern am Wasser spielen und vom Ertrinkungstod besonders bedroht sind; daneben gibt es gesundheitliche Gründe.

Als beste Voraussetzung für einen frühen und problemlosen Einstieg in den Schwimmunterricht und einen positiven Lernerfolg muß vor allem ein gutes Verhältnis des Kindes zum Wasser überhaupt angesehen werden. Die Eltern erkennen es leicht beim Waschen, Baden, Haarewaschen und Duschen, natürlich auch bei Schwimmbadbesuchen oder Aufenthalten an freien Gewässern. Wird Wasser als sympathisch empfunden, reagiert das Kind auch bei allen zumutbaren Wassersituationen entspannt und freundlich. Das Verhältnis des Kindes zum Wasser ist Ergebnis der Art und Weise, wie Eltern ihre Kinder dem Wasser ‹nahe gebracht› haben, wieviel Zeit sie sich beim Baden gelassen und wieviel Phantasie sie beim Spiel am und im Wasser entwickelt haben.

Unter Vorschulalter soll hier das Alter der Vier- bis Sechsjährigen verstanden werden, die von einem Lehrer im Gruppenunterricht durchaus unterrichtet werden können. Folgende Entwicklungs- und Verhaltensmerkmale sind dabei besonders zu berücksichtigen. Sie geben einerseits dem Unterrichtenden noch einige Probleme auf, bürgen zum anderen im Vergleich mit den jüngeren Vorschulkindern aber auch schon für stetig steigerbare Leistungen.

1. Das Vorschulalter – nimmt man auch die Dreijährigen noch hinzu – «ist keine ganz einheitliche und geschlossene Entwicklungsphase». Doch es darf insgesamt als eine «Phase der raschen Vervollkommnung von motorischen Fähigkeiten, Bewegungsformen und ersten Bewegungskombinationen bezeichnet werden» (MEINEL 1976).

2. Wesentlichen Einfluß auf das Bewegungslernen hat die Entwicklung der Sprache. Besonders die Fünf- bis Sechsjährigen sind nun imstande, die Bedeutung der sprachlichen Anweisungen zu verstehen und in Bewegungen umzusetzen.

Die Unterrichtssprache sowie die direkte Aufgabenstellung müssen anschaulich und konkret sein, ohne betont kindlich zu wirken.

3. Charakteristisch für das Vorschulalter ist der enorme Bewegungsdrang der Kinder, dem der Schwimmlehrer durch bewegungsreiche Spiele und entsprechende Aufgaben der Wasserbewältigung Rechnung tragen muß. Er muß aber auch abwartend und gehemmt reagie-

renden Kindern durch entsprechende Aufgaben zur Bewegung etwas nachhelfen, da sonst ein zu großer Wärmeverlust droht.

4. Genutzt werden kann bei den Vorschulkindern schon eine positive Aufgabenhaltung «mit Anzeichen einer gesteigerten Zielstrebigkeit, Beharrlichkeit und Konzentrationsfähigkeit im Verfolgen einer gestellten Aufgabe» (MEINEL 1976).

5. Eine günstige körperliche Entwicklung vollzieht sich etwa mit fünf Jahren, wenn es zum ersten Gestaltwandel kommt.

6. Erfolgt etwa mit fünf und sechs Jahren eine intensivere Ausbildung, so können sportliche Techniken im Schwimmen (auch Wasserspringen) mit gutem Erfolg vermittelt werden, obwohl der Lernprozeß nach bisherigen Erfahrungen bei Anwendung unserer derzeitigen lehrmethodischen Kenntnisse längere Zeit beansprucht als in den folgenden Schuljahren.

Wie schon beim Eltern-Kind-Schwimmen für die drei- bis vierjährigen Kinder erwähnt, brauchen auch die älteren Vorschulkinder noch engeren Kontakt zu einer Bezugsperson, dem Schwimmlehrer. Seine erste Aufgabe ist daher, das Vertrauen der kleinen Schwimmschüler zu erwerben, und mindestens in den ersten Unterrichtsstunden wird er auch bei den Kindern im Wasser sein. Der Unterricht erfolgt in kleinen Gruppen von fünf bis acht Kindern.

Außer daß dem starken Bewegungs- und Spielbedürfnis der Kinder Rechnung getragen werden muß, sollen zugleich aber auch die Anforderungen an die motorischen Fertigkeiten und Fähigkeiten systematisch gesteigert werden. Schwebezeit in Bauch- und Rückenlage, Gleitstrecke und Tauchzeit, kopfgesteuerte Eintauchbewegungen lassen sich sowohl durch Aufgabenvielfalt bzw. Abwechslung wie auch durch konsequentes Wiederholen und Formen derselben Aufgabe steigern und festigen.

Als besonders geeignete Methoden gelten in diesem Alter: das Vor- und Nachmachen (Imitationslernen), zur Phantasieentfaltung aber auch das Lösen von Bewegungsaufgaben; das Führen der Bewegungen (Arm- und Beinbewegung des Brustschwimmens), aber auch das selbständige Ausführen von Bewegungen mit akustisch-rhythmischen Hilfen durch den Lehrer; die Einzelführung durch den Lehrer (oder die Eltern), der beim anfänglichen Fortbewegen durch Rückwärtsgehen oder Vorwegschwimmen wie eine Entenmutter ihr Junges hinter sich herzieht. Verzichtet werden sollte dagegen auf zu häufiges Korri-

Wasserbewältigungsübungen 127

gieren, da das Umsetzen genauer sprachlicher Anweisungen in die Bewegung ohnehin mit großen Schwierigkeiten in diesem Alter verbunden ist.

Wassergewöhnung und Wasserbewältigung erfordern eine kürzere oder längere Unterrichtzeit je nach Lernvoraussetzungen, die die Kinder mitbringen. Sie sind jedoch für die Sicherheit und für einen guten Erfolg beim Techniklernen der Schwimmbewegungen von großer Bedeutung. Da das Vorschulkind besonders beim Erlernen der Schwimmbewegungen, deren Koordination und der Anwendung der Atmung sich noch schwertut, ist die beste Hilfe ein gutes Vertrauensverhältnis zum Wasser, das ihm über eine entsprechende Tauch- und Atemschulung ermöglicht, die Bewegungen auf der Grundlage der flachen Körperlage zu erlernen. Entspannend und für die Vortriebsbewegung vorteilhaft wirkt sich aus, wenn der Kopf vom Wasser getragen wird.

Die wichtigsten Übungen zur Wasserbewältigung
- Gesicht eintauchen, dabei Mund schließen und Luft anhalten
- Gesicht eintauchen und Luft ausblasen durch Mund und Nase
- Untertauchen und Augen öffnen, dabei Finger zählen, Gegenstände herausholen, durch Hindernisse tauchen
- Springen fußwärts ins Wasser mit Untertauchen und anschließendem Aufrichten zum sicheren Stand
- Schweben in Bauch- und Rückenlage
- Gleitabstöße in Bauch- und Rückenlage mit anschließendem Fortbewegen
- Springen ins Tiefwasser mit anschließendem Fortbewegen zum Rand
- Kopfwärts eintauchen und springen mit anschließendem Fortbewegen

Erwachsenenschwimmen

Auf die unterschiedlichen Altersgruppen bezogen, weist das Erwachsenen-Anfängerschwimmen zahlenmäßig die größte Zunahme auf. Der Grund mag einmal im gesteigerten Angebot an Freizeit- und Urlaubsaktivitäten liegen, die man sich nur über die Schwimmfähigkeit eröffnen kann – wie Bootsfahren, Segeln, Windsurfen, Tauchen, Wasserskilaufen. Zum anderen sprechen gesundheitliche Gründe und gemeinsame familiäre Badbesuche von Kindern, Eltern und Großeltern für den Vorteil des Schwimmenkönnens. Schließlich nehmen das Selbstverständnis und die Risikofreude erwachsener Menschen zu, auch in fortgeschrittenem Alter etwas lernen zu wollen, was eigentlich für das Kindesalter vorgesehen ist. Dementsprechend erweitert sich seit einigen Jahren das Angebot an Anfängerschwimmkursen für Erwachsene: Neben den Sportvereinen und kommunalen Sportverwaltungen bieten Volkshochschulen und kommerzielle Schwimmschulen derartige Kurse an.

Dem meist sehr gezielten Vorhaben des Schwimmenlernens des Erwachsenen stehen allerdings größere Hemmungen gegenüber als beim kindlichen Nichtschwimmer. Da das ursprünglich naive Verhältnis zum Wasser nicht im Verlauf der Kindheit in die Wasserbewältigung bis zur Schwimmfähigkeit umgesetzt werden konnte, setzt nun der Selbsterhaltungstrieb des erwachsenen Menschen in Verbindung mit Vorbelastungen durch einseitige Denkvorstellungen dem Wasser größeren Widerstand entgegen. Die Folge ist ein viel zu hoher Spannungszustand der gesamten Körpermuskulatur.
Die starke Beteiligung des Verstandes an dem unrealistischen Verhältnis des erwachsenen Nichtschwimmers zum Wasser bietet aber ebenso die erste Chance zur Korrektur dieses Verhältnisses.
Vielen Erwachsenen hilft der Hinweis auf die physikalische Tatsache weiter, daß der menschliche Körper in völlig eingeatmetem Zustand leichter als Wasser ist und gar nicht untergehen kann. Wer vom Wasser getragen werden will, profitiert von dieser Tatsache jedoch nur, wenn sich sein Körper gänzlich im Wasser befindet, und gerade dann nicht, wenn er sich aus dem Wasser heraushebt. Dem Erwachsenen, der gewohnt ist, seine Handlungen vorwiegend verstandesmäßig zu steuern, und der nicht übermäßig in Angst oder Furcht vor dem Wasser befangen ist, ergibt sich so über Nachdenken und Selbstbeobachtung im Wasser ein brauchbarer Ansatz für dessen Bewältigung. Ohne unbedingt die übliche Vielzahl zeitaufwendiger Spiele und Übungen der Wassergewöhnung durchlaufen zu müssen, eröffnet ihm trotzdem die «Grundsatzlehrweise» einen brauchbaren Weg zum Schwimmen.
Das nächste größere Hindernis bildet im allgemeinen die Aufgabe, das Gesicht ins Wasser zu legen und die Augen zu öffnen. So-

wohl der Kopfstellreflex wie der Lidschutzreflex lassen sich nicht auf Anhieb verstandesmäßig überspielen, sondern bedürfen einiger Übungszeit zu ihrer Umstellung.

Es muß nochmals darauf hingewiesen werden, daß längeres Schweben und Gleiten an der Wasseroberfläche regelrecht gelernt und durch Training zeitlich ausgedehnt werden sollten. BAUERMEISTER fordert mindestens zwölf Sekunden Luftanhaltezeit, um den Erwachsenen eine Gleitübung ohne Atemnot oder Wasserschlucken durchführen zu lassen: ca. 4,5 Sekunden Aufs-Wasser-Legen, ca. 3,5 Sekunden Abstoßen, Gleiten, ca. 4 Sekunden Anhocken, Hinstellen und atmen.

Für das Hinstellen erweist sich häufig eine Erscheinung als hinderlich, die nur bei Erwachsenen vorkommt: die altersbedingte Verschiebung des Körperschwerpunkts zum Oberkörper hin. Als Ursachen kommen der zunehmende Körperumfang im Bauch- und Taillenbereich, die Rückbildung der Beinmuskeln und das Leichterwerden der Beinknochen (Osteoporose) in Betracht.

Zeitpunkt und Ausmaß der Körperschwerpunktverschiebung treten individuell unterschiedlich auf; im allgemeinen ist mit ihr bei Frauen ab dem 5. und bei Männern ab dem 6. Lebensjahrzehnt zu rechnen. Die Körperschwerpunktverschiebung hat einen verstärkten Auftrieb der Beine zur Folge, so daß es schwerfällt, sich aus der Schwimmlage wieder schnell und sicher auf den Beckenboden hinzustellen. Diese Schwierigkeit läßt sich jedoch bewältigen, indem der Schwimmschüler seine Beine unter den Bauch hockt, dann seinen Kopf energisch in den Nacken nimmt und gleichzeitig beide vorgestreckten Arme kräftig von der Wasseroberfläche nach unten drückt (siehe Foto Seite 47). Entsprechend werden für das Aufstehen aus der Rückenlage die Beine unter das Gesäß gehockt, dann der Kopf rasch zur Brust geneigt und gleichzeitig beide Arme von der Wasseroberfläche (nahe den Hüften) kräftig nach unten gezogen (vgl. Seite 47 f). Jeder erwachsene Schwimmanfänger sollte dies vor den Schwebe- und Gleitübungen lernen: mit Partnerunterstützung, dann allein in Greifnähe der Beckenrinne (Partner sichert nur). Zur Orientierung beim Hinstellen ist das Augenöffnen unter Wasser nötig.

Kann vielleicht der Anfänger auch schwimmen lernen mit erhobenem Kopf? – Wer über ein günstiges spezifisches Gewicht verfügt, kann sich auch mit hoch erhobenem Kopf eine Zeitlang über Wasser halten. Er läuft jedoch bei jeder Welle oder bei jedem Spritzer Gefahr, seine Schwimmbewegungen zu verlieren und zu versinken, inbesondere im dann häufig auftretenden Fall des Wasserschluckens.

Wenn jemand schwimmen lernt, bevor er tauchen und in das Wasser ausatmen kann, so müssen diese wesentlichen Fertigkeiten der Wasserbewältigung umgehend nachgeholt werden. Das trifft in verstärktem Maße beim Schwimmenlernen mit Hilfe einer Auftriebshilfe am Körper zu, einer Lehrweise, die für erwachsene Nichtschwimmer häufiger Verwendung findet als für Kinder.

In Fällen besonderer Ängstlichkeit oder Furcht vor dem Wasser gibt eine Auftriebshilfe wie aufblasbare Oberarmschwimmhilfe oder Schwimmei so viel Sicherheit, daß die Bewegungsabläufe des Schwimmens erlernt werden. Das Risiko des Versagens bei unerwartetem Wellengang, bei plötzlichem Gleichgewichtsverlust oder Wasser im Gesicht läßt sich nur durch begleitende oder nachgezogene Tauch- und Atemübungen ausschließen.

Aber auch die Lehrweise mit Auftriebshilfe führt bei Erwachsenen nicht immer zum Ziel, wenn die Angst und somit der muskuläre Spannungszustand überhandnehmen. In diesem Fall bilden Entspannungsübungen an Land und im Wasser die Grundlage für Anfängerschwimmen überhaupt. Zur systematischen Entspannung auf dem Land wird auf Yoga, Atemgymnastik und autogenes Training verwiesen.

Entspannungsübungen im Wasser erfordern eine Wassertemperatur von wenigstens 30 Grad Celsius (bis 33 Grad) und finden am besten im Sitzen statt. Sie beruhen auf den Grundzügen der Tiefmuskelentspannung. Dementsprechend werden einzelne Körperteile nacheinander mehrere Sekunden lang sehr stark angespannt und danach locker gelassen.

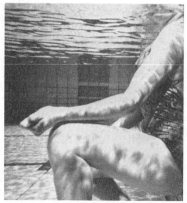

Die Ermüdung auf die vorangegangene Muskelspannung, das einschießende Blut und der plötzliche Wechsel von hoher Spannung und Lockerheit lassen die Entspannung auch für diejenigen fühlbar werden, die auf rein willensmäßige Entspannungsversuche noch nicht ansprechen.

Beginnt man beispielsweise mit dem energischen Ballen der rechten Faust und verstärkt den Druck über circa zehn Sekunden, so empfindet man die anschließende Entspannung recht deutlich, wenn

Entspannung 131

der Unterarm auf dem Oberschenkel aufliegt und die Hand locker herunterhängt. Wärme und Auftrieb des Wassers tragen ihrerseits zur Entspannung bei. In gleicher Weise werden linke Hand, rechter Fuß, linker Fuß, rechter Arm usw. einzeln und nacheinander entspannt. Ebenso soll der Rumpf angesprochen werden. Von Vorteil für diese Übungen ist eine Bank im Wasser, auf der die Anfänger sitzen und zum Beispiel das Gesäß gegen die Sitzfläche oder die Fußsohlen gegen den Beckenboden pressen können. Zur Verstärkung der Muskelspannung kann man sich an der Bank festhalten. Auf der anderen Seite steigert der Sitz auf der Bank (Kutschersitz) während der Entspannungsphasen die Entspannungswirkung.

Außerdem muß nochmals auf die Notwendigkeit regelmäßiger Atmung hingewiesen werden. Übrigens kann leise Musik während der Übungen zur Entspannung beitragen. Gelingt einmal die Entspannung einer Körperpartie nicht, so läßt sich der Wechsel von Spannung und Entspannung mehrfach wiederholen. Stellt sich im Verlauf der Schwimmstunde aufgrund plötzlich aufkommender Angst oder einer mißglückten Schwimmübung wieder starke Verspannung ein, so führt eine zwischengeschaltete Entspannungsphase meistens eher zum Ziel, als die gewaltsame Unterdrückung der Schwierigkeiten.

Als zusätzlicher Gewinn ist zu verzeichnen, daß die Schwimmanfänger allmählich ein genaues Empfinden für die Lage und für die Bewegungsrichtung ihrer einzelnen Körperteile entwickeln, was den Umsatz der Bewegungsanleitungen und die kontrollierte Bewegungsausführung im Verlauf des Schwimmenlernens fördert.

Sehr ängstliche und verspannte Schwimmschüler werden während der ersten Übungsstunden möglicherweise nicht mit den eigentlichen Schwimmübungen in Berührung kommen, sondern lediglich Entspannungsübungen und Gymnastik im Wasser durchführen. In den folgenden Stunden nimmt das Entspannungsprogramm regelmäßig die ersten zehn Minuten in Anspruch. Es empfiehlt sich allerdings, eine Teilgruppe überängstlicher Erwachsener die Entspannungsübungen jeweils vor dem gemeinsamen Schwimmkurs, der mit weniger verspannten Anfängern praktiziert wird, machen zu lassen. Als ungünstig hat sich erwiesen, Erwachsenen-Anfängerkurse mit Teilnehmern, die zu große Leistungsunterschiede aufweisen, zusammenzustellen. Teilnehmer, die schon mehrere erfolglose Anläufe zum Schwimmenlernen unternommen hatten, sollten als eigene Gruppe zusammengefaßt werden, auch wenn sie nur aus wenigen Personen besteht.

Gymnastik für ältere Schwimmschüler

Ein erwachsener Schwimmschüler, besonders im vorgeschrittenen Alter, muß grundsätzlich mit einer bewegungsmäßigen Leistungseinschränkung und vor allem mit geringeren Bewegungserfahrungen rechnen als ein Jugendlicher. Dies trifft verstärkt zu, wenn er den Wunsch hat, schwimmen zu lernen, früher jedoch nie oder kaum Sport getrieben hat.

Um in solchen Fällen das Erlernen von Schwimmbewegungen, von Teilbewegungen der Arme und Beine sowie des Kopfes für die Atmung zu erleichtern, wird nachfolgend ein kleines zweckgymnastisches Programm vorgestellt, welches regelmäßig zu Hause und besonders zu Beginn der Schwimmstunde durchgeführt werden sollte. Das häusliche Programm sollte während der gesamten Zeitdauer des Schwimmenlernens und zudem möglichst täglich (wenigstens jedoch zweimal wöchentlich) absolviert werden.

Grundsätzlich wird die Reihenfolge eingehalten, die durch die nachfolgenden Zielsetzungen und die darin enthaltenen Übungsgruppen vorgegeben ist.

Diese Zielsetzungen beziehen sich vor allem auf:
- Dehnung der an den Schwimmbewegungen beteiligten Muskeln,
- Beweglichkeit der Gelenke für ihren möglichst großen Bewegungsspielraum,
- Arm- und Beinkraft für die Schwimmbewegungen,
- Koordinationsfähigkeit für gleichzeitige Bewegungsabläufe,
- Empfindung des Wasserwiderstandes an den Abdruckflächen der Arme und Beine,
- Bewegungsvorstellung für die mentale Einstimmung.

Für die aufwärmende Vorbereitung vor den Schwimmstunden genügt allerdings eine Zusammenstellung von ein bis zwei Übungen je Übungsgruppe für die Dehnung, Beweglichkeit und Kräftigung. Das nimmt insgesamt acht bis zehn Minuten in Anspruch und leitet zu denjenigen Übungen im Wasser über, die als unmittelbare Vorbereitungen der eigentlichen Schwimmbewegungen dienen (vgl. Seite 143). Solange jedoch Übungen außerhalb des Wassers stattfinden, werden sie mit trockenem Körper absolviert. Wegen des sonst eintretenden Wärmeverlusts duscht man erst vor Eintritt in das Wasser.

Dehnung

Gymnastikprogramm

*Wie dehne ich
die an den Schwimmbewegungen
beteiligten Muskeln?*
Übungsgruppe: Brustmuskulatur

1. Im Stand mit dem Rücken zur Wand, beide Arme in Hochhalte; Arme ziehen (a) wechselseitig den Oberkörper aufwärts (siehe Foto oben); (b) beide Hände versuchen bei gestreckten Armen, rückwärts federnd die Wand zu berühren.

2. Im Stand im Türrahmen; Hände greifen bei aufwärtsgestreckten Armen den Rahmen: Brustkorb federt vorwärts (siehe Foto Mitte).

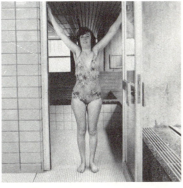

3. Im Sitz auf dem Boden, Arme in Hochhalte: Partner steht hinter dem Übenden, stützt die Außenseite eines Beins gegen die Wirbelsäule des Übenden und greift dessen Oberarme. Der Übende faßt locker die Oberarme des Partners (siehe Foto unten) und läßt seinen Brustkorb vorsichtig vorfedern, und zwar durch den Armzug gleichzeitig sowie wechselseitig.

4. Im Stand: Armkreisen rückwärts, dabei Arme deutlich über hinten kreisen lassen. Nicht im Kreuz nachgeben; Bauchmuskeln anspannen.
Nach den Übungen Arme hängen lassen und ausschütteln.

Übungsgruppe: hintere Beinmuskulatur

5. Im Sitz auf der Bank oder auf dem Boden:
   ein Bein anhocken, Fußspitze mit der Gegenhand fassen und anziehen, dann Bein langsam strecken und beugen (siehe Foto oben). Etwa fünfmal wiederholen, dann Bein wechseln.

6. Im Sitz:
   dieselbe Übung ohne Hilfe der Hände rechts und links im Wechsel; Zehen stark anziehen (siehe Foto Mitte).

7. Im schrägen Liegestütz:
   Hände greifen den Stuhlrand oder die Bank, ein Bein ist weit zurückgestellt: Ferse des hinteren Fußes mehrere Male zu Boden federn, dann Wechsel der Beine (siehe Foto unten).

Dehnung

Übungsgruppe: vordere Oberschenkelmuskulatur

8. Im Stand mit Haltegriff eines Arms:
   die freie Hand greift das Fußgelenk des wandfernen Beins und zieht das gebeugte Bein rückwärts. Oberschenkel möglichst senkrecht halten (siehe Foto oben).

9. Weite Schrittstellung vorwärts, eventuell zu zweit nebeneinander:
   Körpergewicht ist vorn; vom hinteren Fuß die Zehen aufsetzen. Vorderes Knie federt tief und hoch im Wechsel (siehe Foto unten).

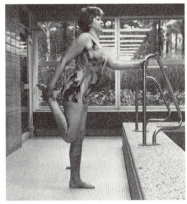

Wie erweitere ich den Bewegungsumfang der Gelenke?

Übungsgruppe: Halswirbelsäule
1. Im Stand oder Sitz:
   – Kopf zur Schulter beugen, langsam im Wechsel nach rechts und links.
   – Kopf neigen, langsam nach vorn und hinten im Wechsel.
   – Kopf kreisen, langsam rechtsherum, dann linksherum.
2. Im Stand mit dem Gesicht zur Wand; vorgestreckte Arme stützen sich gegen die Wand:
   den Kopf im Wechsel senken und heben; verbunden mit kräftigem Ausatmen beim Kopfsenken sowie Einatmen beim Kopfheben.

Übungsgruppe: Schultergelenke
3. Im Stand oder Sitz, Arme hängen neben dem Körper:
   - Schultern heben und fallen lassen, gleichzeitig oder im Wechsel rechts und links.
   - Schultern langsam gleichzeitig vorwärts und rückwärts führen sowie im Wechsel (siehe Foto unten links).
   - Schultern vorwärts, danach rückwärts kreisen.
4. Im Stand, einen Arm auf der Hüfte aufgestützt, den anderen waagerecht zur Seite ausgestreckt:
   den waagerechten Arm einwärts und auswärts drehen (siehe Foto unten rechts). Etwa fünfmal wiederholen, dann den Arm wechseln. Auch beidarmig üben.
5. Im Stand:
   - schwunghaftes Kreisen eines gestreckten Arms vorwärts im Wechsel mit Rückwärtskreisen. Arme wechseln.
   - mit beiden Armen gleichzeitig kreisen und auch rückwärts.
6. Im Stand mit vorgebeugtem Oberkörper in hüfthohem Wasser:
   wie vorherige Übung; Hände ziehen dabei kräftig durch das Wasser und werfen es beim Rückwärtskreisen vor dem Körper über die Oberfläche, beim Vorwärtskreisen hinter dem Körper hoch.

Beweglichkeit

Übungsgruppe: Handgelenke
7. Im Sitz auf der Bank, Handflächen auf den Oberschenkeln aufgestützt, so daß die Finger in Richtung Knie liegen:
   - wechselndes Aufsetzen der Handrücken (Finger zeigen zum Körper) und Handballen (Finger zeigen kniewärts in die Luft) (siehe Foto oben).
   - wechselndes Aufsetzen der Kleinfinger- und Zeigefingerkante (siehe Foto Mitte).
8. Im Sitz, Arme in Vorhalte: Hände im Handgelenk nach außen kreisen, dann nach innen.

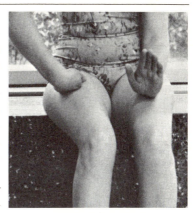

Übungsgruppe: Hüftgelenke
9. Im Seitstand mit Stütz einer Hand gegen die Wand: wandnahes Bein kräftig vor- und zurückschwingen; dasselbe wechselseitig (siehe Foto unten).

Gymnastik

10. Im Stand mit dem Blick zur Wand; vorgestreckte Arme stützen an der Wand ab:
Linkes und rechtes Bein im Wechsel seitwärts spreizen (siehe Foto oben).

11. Im Seitstand, eine Hand stützt sich an der Wand ab:
 - Gewicht ruht auf dem wandnahen Bein, die Sohle des anderen Beins ist in Kniehöhe gegen das Standbein gestützt: Oberschenkel im Wechsel einwärts und auswärts bewegen; dasselbe wechselseitig (siehe Foto Mitte).

 - Oberschenkel des wandfernen Beins anheben, Unterschenkel locker hängen lassen:
Unterschenkel nach rechts und links pendeln, dasselbe auch wechselseitig (siehe Foto unten).

- wandnahes Bein zurückführen, dann mit gebeugtem Knie und auswärtsgedrehter Fußspitze vorwärts ziehen (siehe Foto oben). Die gleiche Übung auch im Wasser ausführen.
12. Im erhöhten Sitz auf der Bank oder dem Beckenrand:
    Knie hüftbreit geöffnet: beide Unterschenkel gleichzeitig nach rechts und links pendeln (siehe Foto Mitte).

Übungsgruppe: Fußgelenke
13. Im Sitz auf der Bank:
    Fersen und Zehenspitzen auf dem Boden aufsetzen, gleichzeitig und auch abwechselnd; verschiedene Geschwindigkeiten wählen (siehe Foto unten).
14. Im Sitz:
    einen Fuß kreisen, etwa fünfmal über außen, dann fünfmal über innen, dann wechselseitig.

140 Kräftigung

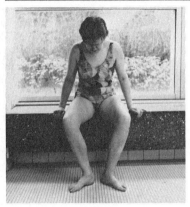

15. Im Sitz:
    die Fußsohlen im Wechsel weit auswärts- und einwärtsgedreht auf den Boden stellen. Knie bleiben hüftbreit geöffnet (siehe Foto oben).

Wie kräftige ich Arme und Beine und erhöhe gleichzeitig das Widerstandsempfinden für die Abdruckbewegungen vom Wasser?

Widerstandsübungen für die Arme

1. Im Stand mit Gesicht zur Wand (auch vor der Beckenwand im Wasser möglich), Abstand etwa eine Schrittlänge:
   den gestreckten Körper vorfallen lassen; mit beiden Armen an der Wand abstützen und danach in den aufrechten Stand zurückdrücken (siehe Foto Mitte).

2. Im bauchhohen Wasser:
   Vorwärtsgehen; Hände greifen abwechselnd nach vorn in das Wasser und drücken es kräftig mit flachen Handflächen nach hinten; dasselbe bei gleichzeitiger Armbewegung (siehe Foto unten).

3. Im Stand mit vorgebeugtem Oberkörper im hüfthohen Wasser:
   Hände tauchen abwechselnd oder gleichzeitig tief in das Wasser und drücken es nach hinten, um es hinter dem Körper über die Wasseroberfläche zu schleudern (siehe Foto S. 141 oben).

4. In leichter Kniebeuge, Rücken zur Wand, Abstand etwa eine Schrittlänge; Schultern unter Wasser:
Gewicht nach rückwärts zur Wand verlagern und durch kräftige Armzüge wieder aufrichten (siehe Foto Mitte).

5. In leichter Kniebeuge, Gesicht zur Wand, Abstand etwa eine Schrittlänge; Schultern unter Wasser:
mit den Händen Körper leicht von der Wand zurückdrücken, vor dem Umfallen mit kräftigen Armzügen wieder aufrichten und die Beckenrinne greifen (siehe Foto unten).

6. Beliebiger Stand im Wasser, Schultern eingetaucht:
nur mit Hilfe der Arme Körper um die Längsachse drehen, Richtung wechseln. Die seitwärts ausgestreckten Arme drücken zunächst mit vorwärtsgerichteten Handflächen nach vorn, kurz vor dem Rückfallen des Körpers Handflächen nach hinten drehen, Rückziehen der Arme, und Körper aufrichten.

Luftballonspringen: durch Zugbewegung beider Arme den Oberkörper vorlegen, dabei Füße entlasten und sie mit einem kurzen Hupf unter den Körper nachziehen. Nach Vorstrecken der Arme Wiederholung des Ziehens und Nachhüpfens.

Widerstandsübungen für die Beine
7. Im Sitz auf dem Beckenrand:
   die Innenseite der Füße und Unterschenkel schleudern von der Wand aus das Wasser kräftig zur Oberfläche, entweder mit beiden Beinen gleichzeitig oder abwechselnd (siehe Foto links oben).
8. Im Hockhang an der Überlaufrinne, Gesicht zur Wand:
   beide Beine strecken und hokken im Wechsel (siehe Foto oben).
9. Aus tiefer Hockstellung im bauchhohen Wasser:
   fortgesetzt hochspringen.
10. Im Stand mit Stütz einer Hand an der Beckenwand:
    einen Oberschenkel seitwärts heben, Unterschenkel in waagerechte Haltung drehen; die Zehen sind angezogen; Unterschenkel in Richtung Standbein zur Ausgangsstellung drücken (siehe Foto links).

Aufwärmprogramm 143

Wie kann ich mich zu Beginn des Schwimmunterrichts aufwärmen und mich dabei auf die Schwimmbewegungen vorbereiten?

1. Im Stand mit Griff an der Überlaufrinne:
   den Körper schnell absenken und aufrichten im Wechsel; auch mit völligem Untertauchen.
2. Im hüfthohen Wasser:
   schnelles Gehen im Becken hin und her und im Kreis. Abwechselnd in aufrechter Haltung oder mit gebeugten Knien gehen. Deutliche Vorwärtsbewegung durch kräftigen Fußabdruck.
3. Laufen mit schnellen Richtungswechseln vorwärts, rückwärts, seitwärts.
4. Gehen und Laufen mit unterstützenden Armbewegungen im Wechsel- und Gleichzug.
5. Gehen oder Laufen auf der Stelle, dabei die Knie vor-hochziehen mit kräftigen Gegenbewegungen der angewinkelten Arme.
6. Körper in den Hockstand absenken und nachfolgend kräftig hochspringen. Die Arme unterstützen das Abspringen durch Abwärtsdruck.
7. Übung für *Fortgeschrittene*: Voraussetzung ist Schwebefähigkeit.
   Gleiten im Strom: mit der ganzen Gruppe schnell im Kreis laufen. Wenn das Wasser in Strömung gerät, Füße vom Boden lösen und sich vom Wasser tragen lassen. – Übung auch in Gegenrichtung fortsetzen (‹Strömendes Wasser›).

Beispiel für das gymnastische Aufwärmprogramm vor der Schwimmstunde

Dehnübung 1
● Im Stand mit dem Rücken zur Wand, beide Arme in Hochhalte:
   a) Arme ziehen den Oberkörper wechselseitig aufwärts, etwa sechs- bis siebenmal, dann Oberkörper vorbeugen und Arme ausschütteln,
      danach:
   b) beide Hände versuchen bei gestreckten Armen, rückwärts federnd die Wand zu berühren,
      etwa viermal, dann Oberkörper vorbeugen und Arme ausschütteln;
   danach eine zweite Serie, bestehend aus (a) und (b), beginnen.

144   Aufwärmprogramm

Dehnübung 7
● Im schrägen Liegestütz, Hände greifen die Bank, ein Bein ist weit
  zurückgestellt:
  Ferse des hinteren Fußes viermal zu Boden federn, dann Wechsel
  der Beine. Serie zweimal wiederholen, dann auf die Bank setzen
  und Waden ausschütteln.

Beweglichkeitsübung 1
● Im Stand oder im Sitz:
  – Kopf zur Schulter beugen, langsam im Wechsel nach rechts und
    links.
  – Kopf neigen, langsam nach vorn und hinten im Wechsel.
  – Kopf kreisen, langsam rechtsherum, dann linksherum.
Nach dieser Serie und einer kurzen Pause die letzte Übung des Kopf-
kreisens je Drehrichtung etwa fünfmal wiederholen.

Beweglichkeitsübung 7
● Im Sitz auf der Bank, Handflächen auf den Oberschenkeln aufgestützt, so daß die Finger in Richtung Knie liegen:
  – wechselndes Aufsetzen der Handrücken (Finger zeigen zum Kör-
    per) und Handballen (Finger kniewärts in der Luft).
  – wechselndes Aufsetzen der Kleinfinger- und Zeigefingerkante.
Beide Teilübungen je zehnmal ausführen und die gesamte Serie zweimal wiederholen. Den Ausschlag der Drehbewegungen vergrößern!

Beweglichkeitsübung 13
● Im Sitz auf der Bank:
  im Wechsel Fersen und Zehenspitzen auf den Boden aufsetzen, je
  zehnmal mit beiden Füßen gleichzeitig und zehnmal abwechselnd.
  Verschiedene Geschwindigkeiten wählen bei Wiederholung der
  Serie!

Kräftigungsübung 1
● Im Stand mit Gesicht zur Wand, Abstand etwa eine Schrittlänge:
  den gestreckten Körper vorfallen lassen; mit beiden Armen an der
  Wand abstützen und danach in den aufrechten Stand zurückdrücken.
Übung viermal wiederholen. Nach kurzer Pause Serie zweimal wiederholen.

Kräftigungsübung 7
● Im Sitz auf dem Beckenrand:
die Innenseiten der Unterschenkel und Füße schleudern gleichzeitig von der Wand aus viermal das Wasser kräftig zur Wasseroberfläche, anschließend entspannen durch viermaliges widerstandarmes Vor-Rückpendeln der Unterschenkel.
Serie dreimal wiederholen!

Aufwärmen im Wasser
(nach der Trockengymnastik und dem Duschen)

Dann eventuell Wiederholungsprogramm aus der vergangenen Stunde.

Jürgen Innenmoser
Schwimmen mit Behinderten

Die übergeordneten Ziele des Anfängerschwimmens mit Behinderten liegen darin, eine verbesserte körperliche und psychische Sicherheit in und außerhalb des Wassers sowie eine Erweiterung der allgemein eingeschränkten Bewegungsmöglichkeiten zu schaffen. Dies geschieht über die an die individuelle Behinderung angepaßten Gewöhnungsprozesse im Wasser und die beherrschte Bewegung darin.
Im Sinne der Rehabilitation dient das Erlernen des Schwimmens als ein Mittel zur Verbesserung der Lebensqualität trotz Behinderung und mittelbar zur Unterstützung der Versuche, sich beruflich, sozial und persönlich wieder zu integrieren.
Während einige Sportarten wie zum Beispiel Rollstuhl-Basketball, Torball (Blindensport) oder Dreiradfahren eigenständige Inhalte haben, ist das Anfängerschwimmen hinsichtlich Methodik sowie Lern- und Lehrverfahren ähnlich dem des Unbehinderten. Da Behinderte in vielen Fällen am allgemeinen Anfängerschwimmunterricht teilnehmen können, ergeben sich Verbesserungsmöglichkeiten der sozialen Eingliederung oder Gleichstellung dieser Menschen in unsere Gesellschaft. Obwohl wissenschaftliche Untersuchungen den Beweis bisher schuldig blieben, ist die folgende Aussage nicht nur eine bloße Hoff-

nung: Man kann davon ausgehen, daß Erfolgserlebnisse im Wasser, Lernfortschritte und zunehmende Sicherheit in der Bewältigung eines eigentlich fremden Elements dem Behinderten helfen, in der Alltagssituation und im Beruf besser zurechtzukommen. Die erhoffte Steigerung der Lebensqualität wird durch eine allgemeine Verbesserung der psycho-physischen Verfassung erreicht.

Typische Probleme des Anfängerschwimmens bei Behinderten
Behinderungen führen dazu, daß alle oben angeführten Schwierigkeiten des Schwimmenlernens Unbehinderter in gesteigerter und oft übersteigerter Form auftreten können. Zum Beispiel kann die Angst vor dem Tiefwasser zu einem viele Jahre kaum lösbaren Problem des Behinderten werden, das sich nur mit größter Geduld und Beharrlichkeit im therapeutischen Bemühen beseitigen läßt. Letztlich lassen sich vier Faktoren anführen, die bei einzelnen Behinderten mehr oder weniger gehäuft auftreten können:
1. Schwierigkeiten, die sich aus verändertem Körperbau oder verminderter organischer Leistungsfähigkeit ergeben (besonders bei körperlich Behinderten),

Unterschiedlich Behinderte üben gemeinsam

Didaktische Hinweise 147

2. Einschränkungen der Orientierungsleistungen in der Umwelt (besonders bei Sinnesbehinderten, Hirngeschädigten),
3. verminderte Lernleistungen (besonders bei Lern- und Geistigbehinderten, Verhaltensgestörten),
4. vermehrte psychische Schwierigkeiten, besonders bei psychisch Behinderten, aber auch bei anderen Behinderungsgruppen (vgl. auch Seiten 152, 156, 157).

Je nachdem, wie viele Teilprobleme zusammen anzutreffen sind, müssen wir davon ausgehen, daß

a) die lehrmäßigen Schritte denjenigen für Unbehinderte vergleichbar sind, aber teilweise eine veränderte Übungsauswahl und eine verminderte Belastungsdosierung notwendig ist;
b) die lehrmäßigen Wege erweitert werden müssen, einzelne Übungen entfallen, andere eingefügt werden;
c) die Inhalte verändert werden, da zum Beispiel die Lernzeit wesentlich verlängert ist oder schon im Anfängerschwimmen nur die Übungen durchgeführt werden können, welche eine direkte Vorbereitung für später mögliche – oft ungewöhnliche – Schwimmtechniken sind.

Fragen zur Praxis
Im folgenden wird versucht, die oben genannten Ableitungen aus praktischer Erfahrung in Handlungsweisungen und Empfehlungen zu fassen, welche Lehrenden und Behinderten gleichermaßen helfen können.

Behinderte mit Schäden der inneren Organe

Die richtige Dosierung schwimmerischer Übungen als Schutz vor einer möglichen Überbelastung läßt es geraten erscheinen, trotz unveränderter lehrmäßiger Schritte einzelne Übungen vorsichtig anzuwenden.

Das Eintauchen des Körpers verändert die Verhältnisse des Blutkreislaufs wesentlich (vgl. Seite 22, 23), so daß bei Kreislaufbehinderungen schon der Einstieg ins Wasser langsam und behutsam erfolgen muß. Auch wenn man allein schwimmen geht, darf man die regelmäßige Pulskontrolle nicht vernachlässigen oder entsprechende ärztliche Vorschriften mißachten.

Der erhöhte Energieaufwand für Einatmung und Ausatmung ins Wasser wirkt als intensiver Trainingsreiz. Eine Teilnahme am Tauchen

148   Körperbehinderte

(auch in geringen Wassertiefen) darf nur bei ärztlicher Erlaubnis (Un-
bedenklichkeitsbescheinigung) ermöglicht werden. Wegen der vom
Wasser freien Atmung in Rückenlage sollten Übungen, die zum Rük-
kenschwimmen führen, im Vordergrund stehen. Deshalb sollte den
Übungen für das freie Schweben in Rückenlage der Vorzug gegeben
werden. Da die meisten Behinderten dieser Gruppe erwachsen sind,
kann man ein verstandesbetontes, auf Erklärungen abgestelltes Lernen empfehlen.

**Körperbehinderte (Amputierte, Gliedmaßen- und
Wirbelsäulengeschädigte)**

Beinbehinderte, die nicht stehen, oder Armbehinderte, die sich nicht
festhalten können, gehören zu der Gruppe, bei denen die allgemeine
Lehrweise nicht mehr uneingeschränkt anwendbar ist. Wesentlich ist
das Ergebnis eines *Tests*, den der behinderte Anfänger selbst mit Festhalten am Beckenrand, besser aber mit Hilfe einer Vertrauensperson
oder eines Lehrers durchführen sollte: Man legt sich in Bauch- oder
Rückenlage nach tiefer Einatmung und mit nach oben gestreckten Armen ins Wasser und beobachtet, wie der Körper liegenbleibt.
Ergibt sich eine nahezu waagerechte Körperlage, so eröffnet diese
rasch den sicheren Zugang zu den bewußten Auftriebsübungen. Es
entsteht ein Sicherheitsgefühl, so daß Angst vor dem Wasser, der unbekannten Tiefe und Weite und Unsicherheit (vgl. Seite 29) gar nicht
aufkommt (dies gilt zum Beispiel bei Beinbehinderten).
Ist die Körperlage steiler – im Falle von Armamputation oder -mißbil-
dung –, müssen Übungen zum Tauchen bzw. Untertauchen, Blasen-
pusten usw. möglichst früh erlernt werden. Denn Eintauchen von
Kopf und Oberkörper ergeben die notwendig flachere Körperlage.
Trotzdem muß durch zusätzliche Beinbewegung die Lage stabil gehalten werden. Nur aus der flachen Körperlage heraus gelingt es den
Armbehinderten, den Mund zur Einatmung vom Wasser frei zu bekommen.
Kommen noch Drehbewegungen um die Körperlängsachse hinzu
(zum Beispiel bei Wirbelsäulengeschädigten mit Skoliose), dann müssen schon früh die Bewegungen der Arme erlernt werden, mit denen
der Widerstand des Wassers zur Stabilisierung der Körperlage genutzt
werden kann.
Die hier besprochenen Schwimmtechniken können von diesen Behinderten nur mit Veränderungen der Bewegungsausführung erlernt wer-

Veränderte Schwimmlagen 149

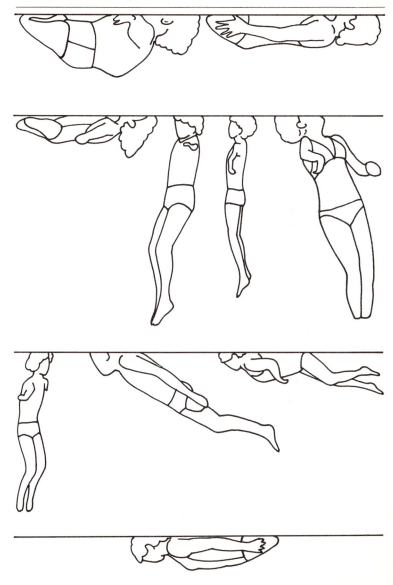

Beispiele für die statische Bauch- und Rückenlage bei verschiedenartigen Körperbehinderungen

den. Deshalb muß mit vorbereitenden Übungen schon größter Wert auf die spätere Wahl der für sie richtigen ersten Schwimmtechnik gelegt werden. Allen Körperbehinderten sei das Kraulschwimmen empfohlen, obwohl der Armbehinderte später schneller und mit geringerem Kraftaufwand Brustschwimmen kann (Wirksamkeit der Beinbewegung). Die frühe Verwendung von Flossen gestattet es dennoch, daß etwa armlose Menschen über die Wasserbewältigung ein kraftsparendes Kraulschwimmen lernen. Gerade bei letzteren muß besonderer Wert auf den Augenblick und die Wirksamkeit der Bewegungseinleitung und -steuerung mit Hilfe der Kopfhaltung gelegt werden. Dauerndes Beibehalten der Bauchlage bei stark nach hinten geneigtem Kopf führt rasch zur Verspannung im Bereich der Nacken- und Rückenmuskulatur. Deshalb muß trotz ungünstiger steiler Körperlage auch das Schwimmen in Rückenlage vorbereitet werden.

Auftrieb und Widerstand des Wassers helfen Körperbehinderten auf dem Wege zum gemeinsamen Schwimmen mit Unbehinderten. Denn manchmal macht der Auftrieb erst die hilfsmittelungebundene Bewegung möglich, und der Wasserwiderstand gleicht die Bewegungsgeschwindigkeiten so an, daß auch der Bewegungsbehinderte bei gemeinsamen Übungen mit anderen Schwimmern Kontakt findet.

Behinderte mit Bewegungsstörungen, Lähmungen und Muskelerkrankungen

Teilweiser oder völliger Ausfall von Muskeln als Folge von Schädigungen der Muskelzellen oder der Nervenbahnen bzw. -zellen führen dazu, daß diese Behinderten nur Teile ihrer Gliedmaßen einsetzen können. Kommt dazu noch eine Schädigung des Gehirns, wie bei der cerebralen Bewegungsstörung («Spastik»), so muß man auch mit eingeschränkten Orientierungsleistungen rechnen. Die Bewegung im Wasser ist die zweckmäßigste Therapie für die verbliebene Muskulatur.

Auch bei diesen Behinderten kann die übliche Lehrweise nicht unverändert beibehalten werden. Da sie zum Ausgleich fehlgesteuerter oder nicht einsetzbarer Muskeln gezwungen sind, dauern Lernvorgänge schon allein aufgrund nervenphysiologischer Grundbedingungen erheblich länger als bei Unbehinderten. Deshalb müssen sie von Anfang an zu derjenigen Schwimmtechnik geführt werden, die sie später einmal anwenden können. Dies ist meist das Brust- oder Kraulschwimmen. Das Rückenkraulschwimmen eignet sich dagegen nur wenig, weil die verbliebenen Bewegungsmöglichkeiten der Arme (zum Beispiel die Beugung im Schulter-, Ellbogen- und Handgelenk) meistens nicht ausreichen, um bei dem oft verminderten Beinschlag ein geradliniges Schwimmen zu gestatten. Behinderte, die nicht in der Lage sind, in Bauchlage den Kopf so weit anzuheben, daß sie frei atmen können, müssen zwangsläufig das Rückenschwimmen ausführen.

Sehbehinderte/Blinde

Der Verlust des Gesichtssinns beraubt den Menschen der wichtigsten störungssicheren Fernorientierung. Allerdings muß man sich beim Schwimmen seltener sehr schnell im Raum zurechtfinden als zum Beispiel beim Ballspiel.

Dem Blinden fehlen die wichtigsten Anreize zum Erlernen von Bewegungen im Wasser, deren sich im allgemeinen schon das Kleinkind bedient. Da Bewegungen am Anfang der Lernvorgänge meistens unter Blickkontrolle durchgeführt werden, ist es schwer, diesen Behinderten neue Bewegungen zu vermitteln. Die Bewegungsabläufe müssen mit Hilfe des Tast- und Gleichgewichtssinns und der Muskelsinne gelernt werden.

Das Hören ist für das Bewegungslernen nur bei erwachsenen Behinderten mit gutem Sprachverständnis nützlich. Bei ihnen und auch bei jüngeren Blinden dient es außerdem zur Verständigung über die Bewegungsrichtung, zur Kurzansprache (Hinweisworte) und Beschreibung der Ausführung. Zum Lernen im Anfängerschwimmen verbleiben allein Muskel-, Tast- und Gleichgewichtssinn als direkte Kontrollorgane der Bewegung. Sie müssen ausgiebig trainiert werden.

Beim Tauchen braucht der Blinde tastbare Hinweise über Richtung und Tiefe mit Hilfe von Einstiegsleiter, langer senkrechter Stange oder einer Markierungslinie am Beckenboden. Das Tauchen muß möglichst ‹anschaulich› durchgeführt werden, wie mit Tauchringen.

Beim Schwimmen sollte man ebenfalls eine tastbare Leitlinie (Bahnbegrenzungsleinen) und zur Gewinnung von Sicherheit eine verläßlich sichere Möglichkeit zum Festhalten (Beckenrand, Lehrer usw.) schaffen.

Die Verunsicherung des blinden Anfängers ist oft deshalb groß, weil die Verhältnisse im Wasser zuwenig mit den bisher an Land erlebten Eindrücken verglichen werden können. Das Wasser wird manchmal als Bedrohung oder als unerwünschter Störfaktor erlebt. Durch Angst ausgelöste Reaktionen wie Schreien oder Festklammern sind keineswegs selten.

Nicht nur in Einzelfällen sollten deshalb die ersten zwei bis drei Stunden in engem Kontakt mit sehenden Helfern, Lehrern oder Eltern durchgeführt werden.

Häufig müssen die Gliedmaßen vom Lehrer geführt werden, damit der richtige Bewegungsablauf und -weg ‹erfühlt› werden kann. Nur selten wird der Lehrer von außerhalb des Wassers unterrichten können.

Bei gut erlerntem Ausatmen ins Wasser, das in der Wassergewöhnung vorbereitet und in der Wasserbewältigung gefestigt wird, wird als erste Technik das Erlernen des Wechselschlagschwimmens empfohlen: Kraul und/oder Rückenkraul. Blinde sind oft sehr verspannt – besonders im Bereich der Rückenmuskulatur. Viele Blinde neigen, um hören zu können, dazu, mit hocherhobenem Kopf zu schwimmen. Brustschwimmen würde bei dieser mangelhaften Technik die starke Anspannung weiter fördern. Beim Kraulschwimmen in Bauch- und Rückenlage ist außerdem gewährleistet, daß Blinde nicht mit dem Kopf voran ‹in die Wand hinein› schwimmen, weil sich ständig ein Arm vor dem Kopf befindet.

Gehörlose/Hörbehinderte

In dieser Behindertengruppe bestehen die größten Probleme des Anfängerschwimmens darin, den Kontakt zwischen den Behinderten einer Gruppe bzw. zum Lehrer aufrechtzuerhalten. Auch ohne direkte Blickverbindung vermögen unbehinderte Menschen über das Gehör wichtige Informationen aufzunehmen. Oft ist der Zuruf sogar der einzige ausschlaggebende Anstoß zur Überwindung von Furcht und Angst. All dies ist dem Hörbehinderten vorenthalten.

Führt man Anfängerschwimmen richtig durch, dann beginnt man früh, in das Wasser auszuatmen, sich unter Wasser zu orientieren und in der flachen Bauchlage zu gleiten. Somit vermindern sich die Möglichkeiten erheblich, sich durch Sehen zurechtzufinden bzw. sich miteinander zu verständigen. Dies verlangt eine straffe Ordnung im Schwimmbad und eine gelungene Umstellung der Verständigungstechniken: Eine wichtige Regel besagt, daß man nur dann mit den Gehörlosen in Kontakt treten kann, wenn man sich ansieht.

Um Lernverzögerungen infolge von Angst zu verhindern, wird empfohlen, schwierige Situationen dadurch zu verbessern, daß der Hörbehinderte immer den Helfer oder Lehrer sieht, bevor er sich einer möglichen Gefahr überhaupt bewußt wird.

Das Sprachverständnis dieser Behinderten liegt meistens unter demjenigen, das man im Sport gewöhnt ist. Es ist deshalb ratsam, herauszufinden, welche Wortinhalte der Gehörlose von den Lippen ablesen und verstehen kann. Große Bedeutung hat darüber hinaus das Vormachen der richtigen Bewegung und der Bewegungsfehler des Gehörlosen.

Besonderen Wert sollte man außerdem auf vorsichtige Tests legen, die zeigen, ob Beeinträchtigungen des Gleichgewichtsorgans vorliegen. Beim Tauchen wird die Druckerhöhung zwar besonders in luftgefüllten Hohlräumen des Körpers empfunden; aber es vermindert sich auch die Gewichtskraft, auf die dieses Sinnesorgan eingestellt ist. Es kann bei Gehörlosen und auch bei Blinden geschehen, daß sie unter Wasser völlig die Orientierung verlieren. Die Absicherung durch eine fachärztliche Untersuchung, daß eine Gefährdung nicht besteht, ist notwendig. So sollte der Arzt vor allem die einwandfreie Funktion des Gleichgewichtssinns bestätigen. Zusätzlich sollte man den Aufenthalt unter Wasser gut trainieren.

Hörbehinderte können alle Schwimmtechniken lernen und an intensivem Training teilnehmen. Dadurch kann im Anfängerschwimmen mit besonderer Sorgfalt auf die Probleme eingegangen werden, da nicht wie bei Gelähmten stark verlängerte Lernprozesse einzuplanen sind.

Lernbehinderte
Lernbehinderte werden nach entsprechendem Sonderschulbesuch im Erwachsenenalter genügend Lebenstechniken gelernt haben, um in der Gesellschaft bestehen zu können. Kaum jemand nimmt dann noch Rücksicht auf sie, obwohl es durchaus sein kann, daß sie im Erwachsenensport besonderer pädagogischer Zuwendung bedürfen.
Im Kindes- und Jugendalter müssen bei Lernbehinderung die Reihenfolge und Ausführlichkeit der *Grundsatzlehrweise* äußerst genau eingehalten werden. Über gut durchdachte häufige Lernkontrollen kann der Behinderte selbst Erfolgserlebnisse haben. Auf ihre – manchmal sozial- und milieu-, manchmal organischbedingten – Probleme der verminderten Leistungsfähigkeit muß eingegangen werden. Zeiten hoher Lernleistungen mit großer Begeisterung und Hingabe können mit solchen der gestörten Aufnahmefähigkeit und Unlust abwechseln.

Gemeinsames Tauchen unterschiedlich behinderter Kinder

Versteht sich das Anfängerschwimmen hier als Möglichkeit der *Therapie*, dann ist es zeitweise durchaus gerechtfertigt, auf gezieltes technisches Lernen zu verzichten, weil spielerisch-entspanntes Üben mehr Erfolge bringt. Die Begabung erkennen und die individuellen Probleme der Wasserbewältigung beseitigen, wären die wichtigsten Aufgaben. Mißerfolgserlebnisse verfestigen die Angst vor dem Wasser und verhindern oft jegliche weitere Ausübung von Wassersportarten.

Manche Lernbehinderte können aber zur Bewegung hochbegabt sein, so daß sie die Schwimmtechniken sehr leicht lernen, am Training teilnehmen und damit in übliche Schwimmvereine aufgenommen werden können.

Anderen Lernbehinderten kann man mit vielen Wiederholungen, Übungsvariationen und lehrmäßigen Zwischenschritten alle grundlegenden Bewegungstechniken und die nötige Sicherheit im Anfängerschwimmen vermitteln. Ihnen dient dieses Lernen hauptsächlich als Möglichkeit, in Gefahrensituationen zu überleben. Da sie Gruppenzwängen und unbekannten Situationen gegenüber oft hilflos sind, vermindern die in der Wassergewöhnung erlernten Verhaltensweisen die Gefahren. Wenn sie zum Beispiel gelernt haben, richtig zu tauchen, oder erfahren haben, welche Gefahren beim Sprung in unbekannte Gewässer drohen, so sind sie in der Lage, sich selbst – und manchmal auch andere – zu retten.

Geistig Behinderte

Die geistige Behinderung kann eine Reihe von Beeinträchtigungen nach sich ziehen wie: Bewegungsstörungen, Seh- und Hörstörungen und Verhaltensprobleme. Charakteristisch ist oft die Zurückgezogenheit in eine ‹eigene Welt›, die Unbehinderte nur schwer begreifen.

Zunächst kommt es darauf an, sich zu verständigen. Vertrauen zu gewinnen ist die wichtigste Aufgabe für den, der geistig Behinderte unterrichten möchte. Wenn sich der Behinderte psychisch und körperlich wohl fühlt, sind die Grundlagen für ein Lernen im Anfängerschwimmen geschaffen. Es ist unwichtig, ob in einer bestimmten Zeit zum Beispiel das Gleiten oder Tauchen erlernt wird. Zeitdruck und Erfolgszwang sind die größten Hemmnisse für diese Behinderten. Eine bestimmte Schwimmtechnik richtig beherrschen zu können, ist für das Leben dieser Behinderten kaum von Bedeutung. Sich aber im Wasser wohl zu fühlen, sich sicher und gefahrlos bewegen zu können, ist das alleinige Ziel. Sicher stellen die Eltern von geistig behinderten

Kindern hierbei – beeinflußt von gesellschaftlichen Normen und werbewirksamen Versprechungen – oft zu hohe Forderungen. Überforderung aber führt zur Unsicherheit, diese wiederum zur Angst. Und geistig Behinderte können oft lange in dieser psychischen Ausnahmesituation verharren. Ängstliche Schwimmanfänger sind am besten über die persönliche Bindung an den Lehrer, über möglichst vieles und aktives Bewegen und dabei ablaufende ‹unbewußte› Lernvorgänge zum Aufenthalt im Wasser zu bewegen.

Geistig Behinderte können bei stetigem Üben verschiedene Bewegungsformen lernen und durchaus wassersichere Schwimmer werden. Oft aber muß man nach längeren Pausen fast am Anfang wieder beginnen, da sich bei ihnen das Gelernte erst festigt, wenn es über längere Zeit ununterbrochen geübt wurde. Den manchmal anzutreffenden Bewegungsüberschuß sollte man nicht abbremsen, sondern in angemessene Bahnen lenken.

Hinsichtlich der Wassergewöhnung, Wasserbewältigung und Schwimmtechniken ergeben sich bei geistig Behinderten keine Veränderungen wie bei Körperbehinderten oder Gelähmten. Das Lehrverhalten sollte allerdings hauptsächlich aus verstehendem Anbieten und anregendem Vormachen bzw. Mitmachen bestehen. Einfache Begründungen für einen bestimmten Sachverhalt können durchaus gegeben werden, wenn sie der Behinderte erfassen kann.

Geistig Behinderte können je nach Lebensalter gemeinsam mit vier bis acht Teilnehmern ‹gruppenfähig› werden; sie sind bei angemessenen Anforderungen begeisterungsfähig und lernbegierig. Vor einer allzu starken Gewöhnung an – vermeintlich – nur methodische Hilfsmittel wie Schwimmbrett, Sprosse usw., insbesondere vor am Körper befestigten Auftriebsmitteln ist zu warnen. Es kann sehr lange dauern, bis diese Hilfen wieder ‹entzogen› werden können und damit weiter gelernt wird.

Psychisch Behinderte

Menschen mit Behinderungen dieser Art (Suchtkranke, Neurotiker, Verhaltensgestörte usw.) sind pädagogisch sehr verschieden zu behandeln. So unterschiedlich wie die Erscheinungsformen und -ursachen sind die in der Praxis beobachtbaren schwimmerischen Betreuungsmaßnahmen. Da sich keine lehrmäßig-technischen Besonderheiten ergeben, geht es allein um die Frage nach den Zielen des Anfängerschwimmens.

Psychisch Behinderte

Diese sind darin zu sehen, daß das Schwimmen Mittel und Zweck einer Therapie ist. Auch diese Behinderten benötigen zum gefahrlosen Aufenthalt im Wasser Verhaltensweisen, die in Wassergewöhnung und -bewältigung erarbeitet werden. Ihnen sollen sie zur Entspannung, zum Abreagieren, zur Verbesserung der psychischen Haltung und zum Wohlbefinden verhelfen.

Die Beherrschung und Bewältigung der Angst vor dem Wasser (als Teil der Angst vor vielen anderen Lebensanforderungen) darf als Möglichkeit gesehen werden, die Schwierigkeiten der Behinderung etwas zu vermindern.

Auftreiben mit Geräteunterstützung

Schwimmen
für Fortgeschrittene

‹Taktik› zur Schwimmstreckenverlängerung

Wie läßt sich die anfängliche Schwimmstrecke ohne größeren Trainingsaufwand verlängern?

Wenn der Übergang des Anfängers vom Flachbecken zum Tiefbecken geglückt ist, so kommt es nun darauf an, die Schwimmstrecke allmählich zu verlängern.

Eine Möglichkeit dazu bieten acht einfache schwimmtechnische und taktische Verhaltensregeln:

1. Beginnen Sie mit dem Schwimmen über eine kurze Strecke (Querbahn, ‹über Eck›, eine halbe Längsbahn), und versuchen Sie danach, durch längeres Gleiten zwischen den einzelnen Schwimmbewegungen die Strecke zu verdoppeln.

2. Beachten Sie, daß längeres Gleiten nur gelingt, wenn dabei das Gesicht auf das Wasser gelegt wird und die Arme vorgeschoben werden.

3. Regelmäßiges Atmen ist grundlegende Voraussetzung für jede längere Schwimmstrecke; betonen Sie deshalb die Ausatmung in das Wasser.

4. Jede Wende (am Ende der Bahn oder am ‹Eck›) bietet Gelegenheit zu besonders tiefer Einatmung; danach läßt ein kräftiger Abstoß von der Wand auch besonders weit gleiten.

5. Ein fußwärts stark abfallender Körper setzt dem Wasser viel Widerstand entgegen und kommt nur durch großen Kraftaufwand vor-

an; bemühen Sie sich deshalb, die Hüfte an der Wasseroberfläche zu halten, indem Sie die Schultern unter die Oberfläche drücken.

6. Haben Sie eine von Ihnen selber festgelegte Strecke geschafft, zum Beispiel zwei Längsbahnen oder fünf Querbahnen, und die Anzahl Ihrer dabei ausgeführten Schwimmbewegungen gezählt, so verringern Sie diese Anzahl der Schwimmbewegungen auf der gleichen Strecke im nächsten Versuch um ein Fünftel bis ein Viertel.

7. Auch weit geöffnete Arme vor dem Körper und hängende Fußspitzen während des Gleitens behindern Ihr Vorwärtskommen. Achten Sie darum auf geschlossene Arme und gestreckte Füße.

8. Die Schwimmstrecke läßt sich dadurch verlängern, daß Sie nach jedem Streckenviertel eine Erholungspause einlegen, während der Sie unter leichtem Händepaddeln auf dem Rücken liegen oder langsam in Rückenlage weiterschwimmen.

Einfaches Ausdauerschwimmtraining

Wozu dient einfaches Schwimmtraining,
und welche Begleitumstände sind zu beachten?

Der Begriff des Schwimmtrainings bezieht sich keineswegs nur auf den wettkampfmäßigen Schwimmsport, sondern trifft immer dann zu, wenn die körperliche Leistungsfähigkeit durch Schwimmübungen regelmäßig und systematisch herausgefordert wird. Regelmäßig bedeutet in diesem Zusammenhang wenigstens ein- bis dreimaliges Schwimmen je Woche, während sich die Systematik auf eine allmähliche Steigerung der Belastung bezieht. Diese allmähliche Steigerung des Belastungsaufbaus beginnt jedesmal wieder von vorn, wenn aufgrund von Krankheit, Trainingspausen oder anderweitiger Beanspruchungen die körperliche Leistungsfähigkeit eingeschränkt ist.

Wird Schwimmtraining zur Gesunderhaltung und Fitnessverbesserung betrieben, so kommt ausschließlich Ausdauerschwimmtraining in Betracht. Der Gesundheit zuliebe sollte der erwachsene Schwimmer, insbesondere nach dem 35. Lebensjahr, beim Training folgendes beachten:

1. Vor Aufnahme oder Wiederaufnahme des Schwimmtrainings nach längerer Unterbrechung ist der Hausarzt zu Rate zu ziehen.

2. Vor jedem Training liegt ein Aufwärmabschnitt: Gymnastik (zum Beispiel *Gymnastik für ältere Schwimmschüler*) und drei bis fünf

Ausdauer

Minuten beliebiges Einschwimmen, gefolgt von einer Minute Pause mit tiefer Atmung (betonte Ausatmung).

3. Nach dem Training verläßt man nicht sofort das Schwimmbecken, sondern ‹paddelt› in Rückenlage noch etwas entspannt im Wasser oder führt im Hockstand rhythmische Tauchatmungen durch.
4. Das Gefühl der Anstrengung während und die Ermüdung nach dem Training sind natürlich und kein Anlaß zur Besorgnis. Dagegen sind Brustschmerzen während der Pausen und nach dem Training oder Schlafstörungen dem Arzt mitzuteilen.
5. Personen mit chronischem Bluthochdruck sollten nur in Absprache mit ihrem Arzt ein Schwimmtraining aufnehmen.

Wie baut sich einfaches Ausdauerschwimmtraining auf?
1. Den ersten Schritt bildet ein durchgehendes ruhiges Schwimmen über drei bis vier Minuten. Wenn dies nicht auf Anhieb zu schaffen ist, so werden zunächst kleine Pausen eingelegt und beim nächsten Trainingsversuch die Schwimmgeschwindigkeit zu Beginn des drei- bis vierminütigen Zeitraums verringert. Dabei achtet man zunächst noch nicht auf die Streckenlänge; wichtiger ist es, eine möglichst gleichmäßige Geschwindigkeit zu schwimmen.
2. Wenn das *Vier-Minuten-Schwimmen* erreicht ist und sich zudem etwas ‹Tempogefühl› eingestellt hat, dann stellt die allmähliche Ausdehnung des ruhigen Dauerschwimmens auf acht bis zehn Minuten das Ziel für die nächsten Trainingseinheiten dar. Das Tempogefühl gibt den Anhalt, daß weder schneller noch erheblich langsamer als beim *Vier-Minuten-Abschnitt* geschwommen wird.

Um objektiver die Zumutbarkeit der Belastung einschätzen zu können, wird das Dauerschwimmen von Zeit zu Zeit an der Wende unterbrochen und die Pulsfrequenz gemessen. Dazu hockt man sich ins Wasser, tastet mit Zeige- und Mittelfinger den Puls an der Halsschlagader und zählt ihn zehn Sekunden lang. Das Ergebnis wird mit sechs malgenommen und stellt die Pulsfrequenz (Pulszahl je Minute) dar. Sie sollte ungefähr 180

	Lebensalter					
	unter 30	30–39	40–49	50–59	60–69	über 70
unter 50	130	130	125	120	115	110
50–59	130	130	125	120	115	110
60–69	135	135	130	125	120	115
70–79	135	135	130	125	120	115
80–89	140	135	130	125	120	115
90–100	140	140	135	130	125	120
über 100	145	140	135	130	125	120

(Zeilenbeschriftung: Ruhepulsfrequenz)

Empfohlene Pulsfrequenzen während des Dauerschwimmens

abzüglich des Lebensalters betragen (*Medizin heute,* 1976).
Noch genauer läßt sich der richtige Belastungspuls ermitteln, wenn neben dem Lebensalter noch die Ruhepulsfrequenz (Pulszahl in unbelastetem Zustand je Minute) berücksichtigt wird. Die Tabelle gibt Aufschluß darüber, wie hoch der Belastungspuls während des Dauerschwimmens sein sollte.
3. Schafft der Schwimmer es, acht bis zehn Minuten lang in der oben beschriebenen Weise durchzuschwimmen, so sollte er beim nächsten Training einmal die Strecke messen, die er in diesem Zeitraum zurücklegt. Schwimmzeit und -strecke bilden die Grundlage für die Belastungsdosierung der folgenden Trainingsabschnitte.
Als Beispiel sei ein Schwimmer gewählt, der in acht Minuten 300 Meter erreicht, das heißt, daß er für einhundert Meter durchschnittlich 2:40 Minuten und für fünfzig Meter 80 Sekunden benötigt. Ihm bieten sich für die Zukunft drei Trainingsmöglichkeiten, die abwechselnd genutzt werden:
4. a) Intervallschwimmen: Die erreichte Strecke wird in Teilstrecken zerlegt, die in einer um 10 bis 15 Prozent höheren Durchschnittsgeschwindigkeit geschwommen werden und jeweils eine Pause von 45 bis 15 Sekunden nach sich ziehen. Für unser Beispiel: 6 mal 50 Meter in 72 bis 68 Sekunden, dazwischen Pausen von je 20 bis 35 Sekunden.

b) Verlängern des Dauerschwimmens: Die gesamte Schwimmzeit, die gleichmäßig und ohne Pause geleistet wird, soll nach und nach auf 15 bis 20 Minuten ausgedehnt werden.

c) Steigern der Durchschnittsgeschwindigkeit: Die zuvor gemessene Schwimmstrecke wird von Training zu Training etwas verlängert, ohne daß die festgelegte Zeit dabei überschritten wird. In unserem Beispiel: 325 Meter anstelle der bisherigen 300 Meter in acht Minuten.

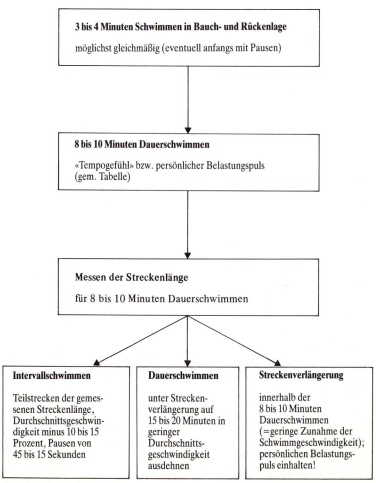

Ein Trainingsaufbau

Techniken zur Selbstrettung

Jeder Schwimmer muß damit rechnen, daß er einmal in Notsituationen gelangen kann, die er mit dem normalen schwimmerischen Können allein nicht besteht: sei es ein Sturz in eiskaltes Wasser, sei es Erschöpfung oder Entmutigung beim Überqueren einer großen Fläche, sei es Verletzung oder Erkrankung im Wasser, sei es ein langdauernder Wasseraufenthalt nach einem Unglücksfall. Aus diesem Grunde lohnt es, sich die wichtigsten Techniken der Selbstrettung anzueignen, nachdem man schwimmen gelernt hat.

Längerfristiges Schweben an der Wasseroberfläche
Das kraftsparendste Verhalten in solch einem Fall, in dem man nicht vorwärtsschwimmt, sondern nur an der Wasseroberfläche bleiben will, bildet der ‹Tote Mann› sowohl in Bauch- wie in Rückenlage. Beide Male sind Arme und Beine etwas vom Körper zur Seite abgespreizt, um die Körperlage möglichst stabil zu halten. Die unbedingt notwendige Entspannung der Muskeln in Verbindung mit der Gewichtsverteilung bewirkt jedoch, daß die Knie- und Ellbogengelenke passiv gebeugt sind und die Glieder tiefer hängen als Kopf und Rumpf. Der Kopf liegt auf jeden Fall im Wasser, in der Bauchlage sogar deutlich unter dem Wasserspiegel.

Kontrollierte Atmung

Entscheidende Bedeutung kommt dem kontrollierten Atemvorgang zu. Der eingeatmete Zustand muß zeitlich derart überwiegen, daß der Körper mit Hilfe der eingeatmeten Luft schwebt; die Zeitspanne der Ausatmung und des ausgeatmeten Zustands wird kurz gehalten. Nach Einatmung wird die Luft ungefähr fünf Sekunden angehalten, während der Kopf im bzw. unter Wasser liegt. Dann wird schnell ausgeatmet. In der Bauchlage erfolgt die Ausatmung nur durch die Nase; der Mund ist fest verschlossen. Währenddessen drücken die seitlich ausgebreiteten Arme mit abwärts zeigenden Handflächen kurz und kräftig nach unten, so daß sich der Kopf hebt zum raschen und trotzdem tiefen Luftholen durch den Mund. Danach sinkt der Kopf wieder zurück unter Wasser. Dagegen in der Rückenlage verharrt das Gesicht ständig an der Wasseroberfläche, so daß durch den Mund auch ausgeatmet werden kann, solange keine Wellen über den Kopf schlagen. Der Zeitraum zwischen Ausatmung und Einatmung verringert sich nochmals gegenüber dem in der Bauchlage. – Überhaupt ist der ‹Tote Mann› in Rückenlage für Personen mit ungünstigem spezifischem Gewicht über längere Zeit schwieriger durchzuführen als in Bauchlage.

Wie übt man den ‹Toten Mann›? – Einen guten Ausgangspunkt bieten die einzelnen Schritte des Schwebens und Gleitens aus der *Wasserbewältigung*. So kann der Abstoß von der Beckenwand oder vom Beckenboden den ‹Toten Mann› in beiden Körperlagen einleiten. Wenn der Vortrieb nachläßt, spreizen sich Arme und Beine locker ab, und der Atemvorgang beginnt wie oben beschrieben. Noch einfacher ist, das kontrollierte Atmen zunächst im Liegestütz oder mit Griff an der Beckenrinne bzw. am Partner vorzubereiten. Danach ergeben sich die Bewegungsabläufe für die Bauchlage in der Reihenfolge: Hockstand – Hockqualle – ‹Toter Mann› bzw. für die Rückenlage: weiter Grätschstand, Hände in die Hüfte gestemmt – langsam zurücklegen bei vorgestreckter Hüfte – ‹Toter Mann›. Um aus der Rückenlage wieder in den Stand zu gelangen, hockt man die Beine an und nimmt den Kopf hoch. Gleichzeitig führen beide Arme mit aufwärtsgerichteten Handflächen eine kräftige Druckbewegung von unten zur Wasseroberfläche aus.

Ablegen oder Nutzen der Kleidung

Kleidung zieht den Menschen nicht abwärts, sondern bietet aufgrund ihrer Wasserverdrängung Auftrieb, der sogar beachtlich ist, solange sich noch·Luft in ihr befindet. Es besteht also keine Eile, die Kleidung

166   Kleidung

abzulegen. Kleidung behindert allerdings wegen des zusätzlichen Wi-
derstandes stark das Vorwärtsschwimmen. Während Schuhe und
schwere Kleidungsstücke wie Mäntel und Jacken auf jeden Fall vom
Körper gelöst werden, bevor sie sich voll Wasser saugen, läßt man sich
mit dem Ablegen der übrigen Bekleidung Zeit, bis
1. die Entscheidung getroffen ist, ob man in einer bestimmten Richtung vorwärts schwimmen oder kräftesparend auf der Stelle schweben will;
2. die Beobachtung gezeigt hat, ob alle Kleidungsstücke Wasser saugen oder einige wie Hemd und Hose Luftblasen festhalten und als
   Auftriebsmittel genutzt werden können;
3. überlegt wurde, ob bei längerem Zwangsaufenthalt im kalten Wasser die nasse Kleidung eine mittlere Temperaturschicht bilden und
   unnötig raschen Wärmeverlust einschränken kann.
Jeweils im letzten Fall läßt sich der Auftrieb vergrößern, indem man
Ärmel oder Beine des Kleidungsstücks verknotet, tief Luft holt und
mehrfach unter Absinken von unten hineinbläst. Die so gewonnene
Luftblase wird entweder zugehalten oder durch Verdrehen des Stoffs
abgeschlossen und unter Achseln, Nacken oder Beine gelegt.
Das Ablegen von Kleidern erleichtert man, indem man nacheinander
aus den geöffneten Bein- und Oberkörperkleidern herausschwimmt.
Dabei ziehen nur die Arme durch Schwimmbewegungen die langgestreckten Beine aus den Hosen heraus. Umgekehrt sind nur die Beine
tätig, wenn Jacke oder Hemd über die Schultern gestreift sind und bei
langgestreckten Armen ‹abgeschwommen› werden.

Wassertreten
Zur besseren Orientierung, zum Ausmachen oder Herbeiwinken einer Hilfe muß der Oberkörper kurzfristig möglichst hoch über die
Wasseroberfläche gehoben werden. Ausgangslage dafür bildet das
beinahe senkrechte Schweben mit dem Kopf nach oben. Die Fußsohlen treten abwechselnd nach unten gegen das Wasser, und die Arme
seitlich neben dem Körper drücken ebenfalls abwechselnd nach unten. Die Wirkung der Beine verstärkt sich, wenn sich wie bei der
Brustschwimm-Beinbewegung die Unterschenkelinnenseiten gleichzeitig mit den Fußsohlen vom Wasser abdrücken.
Wassertreten bietet keine gute Hilfe im Falle des Wasserschluckens.
Statt dessen legt man sich auf den Rücken und versucht, durch kurze
kräftige Hustenstöße die Luftwege vom Wasser zu befreien.

Krampfbeseitigung

Gelegentlich treten Muskelkrämpfe während des Schwimmens auf. Sie kommen an Beinen oder Armen vor, am Rumpf, insbesondere in den Bauchmuskeln oder an einzelnen Fingern, an Füßen oder Händen. Die häufigsten Erscheinungsstellen sind Waden- und Oberschenkelstreckmuskeln (Oberschenkelvorderseite).

Grundsätzlich gilt bei einem Muskelkrampf:
1. Tief einatmen, Kopf unter die Wasseroberfläche nehmen und schweben, Atemvorgang kontrollieren wie für den ‹Toten Mann›.
2. Den verkrampften Muskel dehnen (vgl. Gymnastik für ältere Schwimmschüler), das heißt in die Länge ziehen.

Bei einem Wadenkrampf zum Beispiel wird die Fußspitze mit beiden Händen gefaßt und zum Schienbein hingezogen; das Knie wird dabei durchgedrückt (siehe Foto).

Der Krampf in der Oberschenkelvorderseite erfordert die vollständige Beugung des Knies, was dann gelingt, wenn eine oder beide Hände die Fußspitze dicht an das Gesäß ziehen (siehe Foto). Nach jeder Krampfbeseitigung sollte die betroffene Muskulatur nur leichte und ruhige Bewegungen ausführen.

Weitere Zielsetzungen

Nicht jeder fühlt sich bewogen, weiteren schwimmsportlichen Zielen entgegenzustreben, wenn er den Status des sicheren und ausdauernden Schwimmers erreicht hat. Wer jedoch mehr im Wasser erleben möchte oder zunehmend sportliche Ansprüche an sich stellt, wer über schwimmerisches Tun Kontakt und Gemeinsamkeit mit anderen Menschen sucht, dem seien abschließend einige schwimmsportliche Richtungen und Ziele aufgezeigt.

Das Schema auf Seite 169 enthält im unteren Drittel die Lernziele dieses Buchs. Es zeigt von unten nach oben auf, was sich auf das Erlernte aufbauen läßt und welche Sport- und Hobbybereiche dadurch erschließbar werden.

Regelrechte Leistungsprüfungen, die mit Urkunde und Abzeichen bestätigt werden und deren Anforderungen sich ständig steigern, führt das Schema Seite 170 auf. Die Prüfungsanforderungen sind im Anhang, Seite 178f zu finden. Ob sich nun der fortgeschrittene Schwimmer diese Prüfungen auswählt oder ob er sich seine eigenen Ziele setzt, ist weniger wichtig als die damit verbundene systematische schwimmerische Vorbereitung.

Schwimmsportliche Bereiche

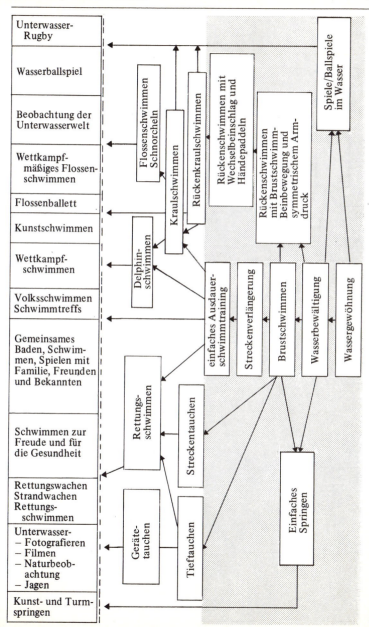

Schwimmerische Ziele und schwimmsportliche Bereiche (gepunktetes Feld = Anfängerschwimmen)

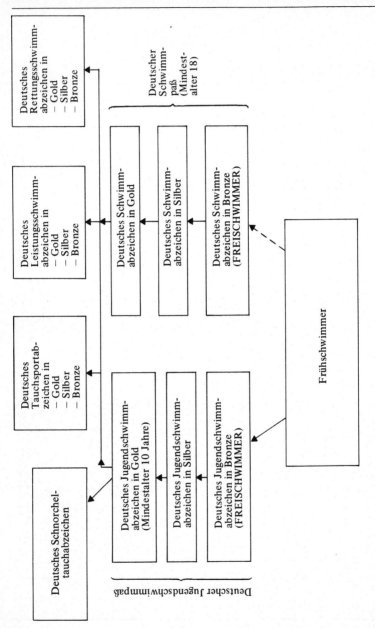

Prüfungen im Schwimmen und Schwimmsport

Anhang

Spiel- und Übungsgeräte (Bewegungs- und Auftriebshilfen)

Körpergebundene Auftriebshilfen
- aufblasbare Oberarmschwimmhilfen mit Sicherheitsventil und Styroporkern
- Schwimmei mit Befestigungsgurt und -schnalle

Oberarmschwimmhilfen: Doppelluftkammersystem (links), *Luftkammer mit inliegendem Styroporkern (rechts)*

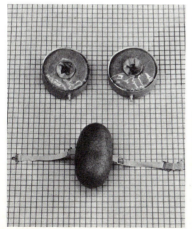

Geräte zum Spiel und als Geländehilfen:
- Schwimmsprosse, bestehend aus zwei durchbohrten Styroporblöcken mit eingeschobenem Kunststoffrohr
- Leichtmetallstange (oder Bambusstange), etwa zwei Meter lang mit Gummiauflagen an beiden Enden

- Gymnastikreifen aus Kunststoff (oder Holz), Durchmesser etwa 80 Zentimeter
- Tauchring aus Hartgummi (oder Rollerreifen), Durchmesser etwa 16 Zentimeter
- Kunststoffstab (oder Holzstab), etwa 1,10 Meter lang, mit abgerundeten Gummistopfen an beiden Enden

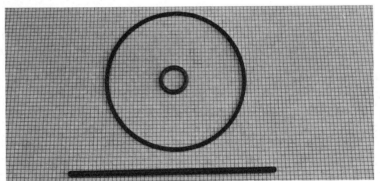

Geräte als Bewegungshilfen:
- Schwimmflossen aus Gummi mit geschlossener Fersenkappe

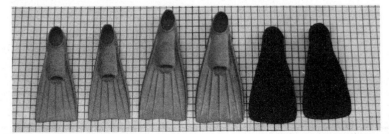

- Pull-buoy, klein: zwei Zylinder aus Leichtschaumstoff von 7,5 Zentimeter Höhe und 16 Zentimeter Durchmesser, durch eine Schnur verbunden
- Pull-buoy, groß: zwei Zylinder aus Leichtschaumstoff von 10 Zentimeter Höhe und 16 Zentimeter Durchmesser, durch eine Schnur verbunden
- Schwimmbrett aus Leichtschaumstoff mit festgeschäumter Oberfläche, 43 mal 19 mal 3 Zentimeter mit abgerundeter Vorderseite

Einrichtungen zum Schwimmenlernen

1. Erste Anlaufstelle für Schwimmkurs-Interessenten dürfte das örtliche Hallenbad sein. Dort finden sich möglicherweise im Aushang der Eingangshalle Unterrichtsangebote. Ausrichter sind in der Regel die *Bäderverwaltung, Schwimmvereine*, die Ortsgruppe der *Deutschen Lebens-Rettungs-Gesellschaft (DLRG)* oder die *Wasserwacht* des Deutschen Roten Kreuzes.
2. Lohnend ist auch die Anfrage beim zuständigen Sport- und Bäderamt, das, wenn es nicht selber Schwimmkurse in seinem Programm hat, sicher über Angebote anderer Organisationen informiert.
3. Häufig bietet die örtliche Volkshochschule Schwimmkurse an.
4. Eine weitere Möglichkeit, Unterrichtsangebote herauszufinden, ergibt die Durchsicht des Telefonbuchs nach Adressen bekannter Schwimmvereine, der DLRG, privater Schwimmschulen sowie des Branchenverzeichnisses unter dem Suchwort «Sportschulen».
5. Die lokalen Zeitungen lassen sich auf Anzeigen privater Schwimmschulen hin durchsehen.
6. Über spezielle Unterrichtsangebote für körperlich und geistig behinderte Schwimmschüler informieren die örtlichen Versehrten- und Behindertensportgemeinschaften, aber auch die Sport- und Bäderämter.
7. Wenn es überhaupt nicht gelingt, den Kontakt zu einer Einrichtung für Anfängerschwimmen am Ort herzustellen, oder für Auskünfte zu überörtlichen Veranstaltungen wendet man sich an einen regionalen Verband (Anschriften siehe Seite 174ff).

Anschriften der zuständigen Verbände für Schwimmen, Rettungs- und Behindertenschwimmen (Stand 1.10.1984)

Anschriften der Schwimmverbände
Deutscher Schwimmverband e. V.
Silcherstr. 8
8000 München 40
Telefon 089/356006–07

Landesverbände des Deutschen Schwimmverbandes
Geschäftsstellen:
Badischer Schwimm-Verband
Im Neuenheimer Feld 710 (BLZ)
6900 Heidelberg
Telefon 06221/470043

Bayerischer Schwimm-Verband
Georg-Brauchle-Ring 93
8000 München 50
Telefon 089/157023 12

Berliner Schwimm-Verband
Ebersstr. 74
1000 Berlin 62
Telefon 030/7842037

Landesschwimmverband Bremen
Eduard-Grunow-Str. 30
2800 Bremen
Telefon 0421/71797

Hamburger Schwimm-Verband
Haus des Sports
Schäferkampsallee 1
2000 Hamburg 6
Telefon 040/4121251

Hessischer Schwimm-Verband
Otto-Fleck-Schneise 4
6000 Frankfurt 71
Telefon 069/6789–208

Schwimmverband Niedersachsen
Baumstr. 6
3000 Hannover 1
Telefon 0511/855959

Schwimmverband Rheinland
Thomas Wupperfeld
Windesheimer Str. 21
6550 Bad Kreuznach
Telefon 0671/33995

Saarländischer Schwimm-Bund
Haus des Sports
Saaruferstr. 16
6600 Saarbrücken
Telefon 0681/58603-34/35

Schleswig-Holsteinischer
Schwimm-Verband
Haus des Sports
Winterbeker Weg 49
2300 Kiel 1
Telefon 0431/648626

Südwestdeutscher Schwimm-Verband
Postfach 157
6730 Neustadt a. d. Weinstraße
Telefon 06321/84554

Westdeutscher Schwimm-Verband
Postfach 101454
4100 Duisburg 1
Telefon 0203/7381329

Württembergischer
Schwimmverband
Strümpfelbacher Str. 38
7000 Stuttgart 60
Telefon 0711/331119

Deutsches Rotes-Kreuz/Wasserrettung
Friedrich-Ebert-Allee 71
5300 Bonn 1
Telefon 0228/541(1)

Rettungs-Schwimmverbände 175

Anschriften der Deutschen Lebens-Rettungs-Gesellschaft
Deutsche Lebens-Rettungs-Gesellschaft e. V. (DLRG)
Präsidium
Alfredstr. 73
4300 Essen
Telefon 0201/775051/52

Landesverbände der Deutschen Lebens-Rettungs-Gesellschaft
Geschäftsstellen:

DLRG-Landesverband Baden e. V.
Karlstr. 116
7500 Karlsruhe
Telefon 0721/21833

DLRG-Landesverband Bayern e. V.
Schweinauer Hauptstr. 139
8500 Nürnberg
Telefon 0911/666822

DLRG-Landesverband Berlin e. V.
Am Pichelsee 20/21
1000 Berlin 20
Telefon 030/3623021/22

DLRG-Landesverband
Braunschweig e. V.
Schubertstr. 1
3300 Braunschweig
Telefon 0531/18647

DLRG-Landesverband Bremen e. V.
Auf dem Dreieck 8
2800 Bremen-Hohentorshafen
Telefon 0421/541515

DLRG-Landesverband
Hamburg e. V.
Ladenbeker Furtweg 120
2000 Hamburg 1
Telefon 040/7395500

DLRG-Landesverband Hessen e. V.
Geschäftsstelle
Postfach 120253
6202 Wiesbaden 12
Telefon 06121/65501

DLRG-Landesverband
Niedersachsen e. V.
Karl-Thiele-Weg 41
3000 Hannover 81
Telefon 0511/831424

DLRG-Landesverband
Nordrhein e. V.
Niederkasseler Deich 293
4000 Düsseldorf 11
Telefon 0211/594659

DLRG-Landesverband
Rheinland-Pfalz e. V.
Bergstr. 18
5401 Lehmen/Mosel
Telefon 02607/4020

DLRG-Landesverband Saar e. V.
In den Hanfgärten
6600 Saarbrücken 5
Telefon 0681/76866

DLRG-Landesverband
Schleswig-Holstein
Berliner Str. 64
2330 Eckernförde
Telefon 04351/2685

DLRG-Landesverband
Westfalen e. V.
Friedrichstr. 94
4600 Dortmund
Telefon 0231/143009

DLRG-Landesverband
Württemberg e. V.
Mühlhäuser Str. 305
7000 Stuttgart 50
Telefon 0711/535051

Anschriften der Behindertenverbände

Deutscher Behinderten Sportverband
e. V.
Friedrich-Alfred-Straße 15
4100 Duisburg 1

Bundesverband für Spast. Gelähmte
u. andere Körperbehinderte e. V.
Brehmstr. 5
4000 Düsseldorf
Telefon 0211/793068

Deutscher Gehörlosen-Bund e. V.
Rothschildallee 16a
6000 Frankfurt am Main 60

Bundesvereinigung «Lebenshilfe für
geistig Behinderte» e. V.
Postfach 80
3550 Marburg 7
Telefon 06421/43007

Landesverbände der Behinderten (Sport-) Vereine:

Badischer Versehrten-Sportverband
e. V.
Tannenstr. 11
7602 Oberkirch-Bottenau
Telefon 07802/2723

Landesverband der Vereine zur Förderung u. Betreuung spastisch gelähmter u. a. körperbehinderter Kinder e. V. in Baden-Württemberg
Stephanienstr. 20
7500 Karlsruhe 1
Telefon 0721/25911

Bayrischer Versehrten-
Sportverband e. V.
VdK-Abholfach (Schellingstr. 31)
8000 München 34
Telefon 089/2117243

Landesverband Bayern für spastisch
Gelähmte und andere Körperbehin-
derte e. V.
Bayerstr. 5
8000 München 2
Telefon 089/596800

Versehrtensportverband Berlin e. V.
Kurfürstenstr. 131
1000 Berlin 30
Telefon 030/2611328

Spastikerhilfe Berlin e. V.
Prettauerpfad 23–33
1000 Berlin 45
Telefon 030/8175011, 8175014

Behinderten-Sportverband
Bremen e. V.
Am Hallacker 30
2800 Bremen 44
Telefon 0421/429530

Spastikerhilfe Bremen e. V.
Nienburger Str. 29
2800 Bremen 1

Behinderten-Sportverband
Hamburg e. V.
Eckernförderstr. 8
2000 Hamburg 50
Telefon 040/859933

Hessischer Behinderten-Sportverband
e. V.
Mierendorffstr. 4
6400 Fulda
Telefon 0661/62743

Behinderten-Sportverband
Niedersachsen e. V.
Haus des Sports
Maschstr. 18
3000 Hannover 1
Telefon 0511/882211

Behinderten-Sportverbände   177

Landesverband zur Förderung Körperbehinderter Niedersachsen
Engelbosteler Damm 72
3000 Hannover 1
Telefon 0511/702428

Behinderten-Sportverband
Nordrhein-Westfalen e. V.
Friedrich-Alfred-Str. 15
4100 Duisburg 1
Telefon 0203/7381582-87

Behinderten-Sportverband
Rheinland-Pfalz e. V.
Jan-Zick-Str. 4
5400 Koblenz
Telefon 0261/35902

Landesverband Rheinland-Pfalz
für Körperbehinderte e. V.
Postfach 2961
6500 Mainz 1
Telefon 06131/31552

Saarländischer
Behindertensportverband e. V.
Saaruferstr. 16
6600 Saarbrücken

Verein zur Rehabilitation spastisch
Gelähmter und anderer Körperbehin-
derter e. V.
Landesverband Saar
Dudweiler Str. 70
6600 Saarbrücken
Telefon 0681/31401

Versehrten- und Behinderten-
sportverband Schleswig-Holstein e. V.
Steinmetzstr. 1–11
2350 Neumünster
Telefon 04321/13446
(tgl. 8.00 h – 13.00 h)

Verein zur Förderung und Betreuung
spastisch gelähmter und anderer körperbehinderter Kinder in Schleswig-
Holstein e. V. Landesverband
Burmeisterweg 3
2300 Kiel 1
Telefon 0431/333807

Württembergischer Versehrten-
Sportverband e. V.
Adalbert-Stifter-Str. 16
7000 Stuttgart 40
Telefon 0711/846261

Schwimmprüfungen

1. Frühschwimmer
– Seepferdchen –
  Leistungen:
– Sprung vom Beckenrand und 25 m Schwimmen
– Heraufholen eines Gegenstandes mit den Händen aus schultertiefem Wasser

2. Deutscher Jugendschwimmpaß
2.1. *Deutsches Jugendschwimmabzeichen – Bronze,*
– *Freischwimmer –*
  Leistungen:
  – Sprung vom Beckenrand und 200 m Schwimmen in höchstens 8 Minuten* oder 15 Minuten Dauerschwimmen
  – einmal ca. 2 m Tieftauchen von der Wasseroberfläche mit Heraufholen eines Gegenstandes
  – Sprung aus 1 m Höhe oder Startsprung
  – Kenntnis von Baderegeln

2.2. *Deutsches Jugendschwimmabzeichen – Silber*
  Leistungen:
  – Startsprung und 400 m Schwimmen in höchstens 16 Minuten*, davon 300 m in Bauch- und 100 m in Rückenlage, oder
    30 Minuten Dauerschwimmen, davon 5 Minuten in Rückenlage
  – zweimal ca. 2 m Tieftauchen von der Wasseroberfläche mit Heraufholen je eines Gegenstandes
  – 10 m Streckentauchen
  – Sprung aus 3 m Höhe
  – Kenntnis von Baderegeln und Selbstrettung

2.3. *Deutsches Jugendschwimmabzeichen – Gold*
  Leistungen:
  – 600 m Schwimmen in höchstens 24 Minuten
  – 50 m Brustschwimmen in höchstens 70 Sek.
  – 25 m Kraulschwimmen
  – 50 m Rückenschwimmen mit Grätschschwung ohne Armtätigkeit oder Rückenkraulschwimmen
  – 15 m Streckentauchen
  – Tieftauchen von der Wasseroberfläche mit Heraufholen von drei kleinen Tauchringen aus einer Wassertiefe von etwa 2 m innerhalb von 3 Minuten in höchstens 3 Tauchversuchen
  – Sprung aus 3 m Höhe
  – 50 m Transportschwimmen:
    Schieben oder Ziehen
  – Nachweis folgender Kenntnisse:
    Baderegeln
    Hilfe bei Bade-, Boots- und Eisunfällen (Selbstrettung oder einfache Fremdrettung)

Prüfungen 179

3. **Deutscher Schwimmpaß**

3.1. *Deutsches Schwimmabzeichen – Bronze,*
  – Freischwimmer –
  Leistungen:
  – Sprung vom Beckenrand und
    200 m Schwimmen in höchstens 7 Minuten
  – Kenntnis von Baderegeln

3.2. *Deutsches Schwimmabzeichen – Silber*
  Leistungen:
  – Sprung vom Beckenrand und
    400 m Schwimmen in höchstens 12 Minuten
  – zweimal ca. 2 m Tieftauchen von der Wasseroberfläche mit Heraufholen
    je eines Gegenstandes
  – 10 m Streckentauchen
  – 2 Sprünge vom Beckenrand: je ein Sprung kopf- und fußwärts
  – Kenntnis von Baderegeln und Selbstrettung

3.3. *Deutsches Schwimmabzeichen – Gold*
  Leistungen:
  – 1000 m Schwimmen in höchstens 24 Minuten für Männer
                    in höchstens 29 Minuten für Frauen
  – 100 m Schwimmen in höchstens 1:50 Minuten für Männer
                    in höchstens 2:00 Minuten für Frauen
  – 100 m Rückenschwimmen, davon 50 m mit Grätschschwung ohne Armtätigkeit
  – 15 m Streckentauchen
  – Tieftauchen von der Wasseroberfläche und Heraufholen von drei kleinen
    Tauchringen aus einer Wassertiefe von etwa 2 m innerhalb von 3 Minuten in höchstens 3 Tauchversuchen
  – Sprung aus 3 m Höhe oder 2 Sprünge aus 1 m Höhe, davon je ein Sprung
    kopf- und fußwärts
  – 50 m Transportschwimmen:
    Schieben oder Ziehen
  – Nachweis folgender Kenntnisse:
    Baderegeln
    Hilfe bei Bade-, Boots- und Eisunfällen
    (Selbstrettung und einfache Fremdrettung)

* *Hinweis aus den Ausführungsbestimmungen:* Bei dem Deutschen Jugendschwimmabzeichen Bronze – Freischwimmer – und dem Deutschen Jugendabzeichen Silber sollen möglichst die 200- bzw. 400-m-Schwimmleistungen gewählt werden.

Baderegeln

Mache dich mit den Regeln zur Selbsthilfe im Wasser für unerwartete Situationen vertraut!

Niemals mit vollem oder ganz leerem Magen baden!

Kühle dich ab, ehe du ins Wasser gehst, und verlasse das Wasser sofort, wenn du frierst!

Als Nichtschwimmer nur bis zur Brust ins Wasser gehen!

Nur springen, wenn das Wasser unter dir tief genug und frei ist!

Unbekannte Ufer bergen Gefahren!

Meide sumpfige und pflanzendurchwachsene Gewässer!

Schiffahrtswege, Buhnen, Schleusen, Brückenpfeiler und Wehre sind keine Schwimm- und Badezonen!

Baderegeln 181

Bei Gewitter ist Baden lebensgefährlich!

Überschätze im freien Gewässer nicht Kraft und Können!

Luftmatratze, Autoschlauch und Gummitiere sind im Wasser gefährliches Spielzeug!

Schwimmen und Baden an der See ist mit besonderen Gefahren verbunden!

Nimm Rücksicht auf andere Badende, besonders auf Kinder!

Verunreinige das Wasser nicht und verhalte dich hygienisch!

Ziehe nach dem Baden das Badezeug aus und trockne dich ab!

Meide zu intensive Sonnenbäder!

Rufe nie um Hilfe, wenn du nicht wirklich in Gefahr bist; aber hilf anderen, wenn Hilfe not tut!

Schwimm-Test

Angehende Schwimmer und ihre Ausbilder (Lehrer und Eltern) stellen den Fortschritt im Schwimmenlernen fest, indem sie die angegebenen Teilziele 1 bis 20 üben und das Datum des Erfolges eintragen.

Laufen 8 Meter durchs bauchtiefe Wasser mit Windmühlenkreisen der Arme vorwärts: die Hände drücken das Wasser abwechselnd nach hinten.

Untertauchen und ausatmen: sichtbar und hörbar Blasen bilden.

Schweben in Rückenlage mit Stütz der Hände auf dem Boden *oder* in Rückenlage von einem Partner ziehen lassen.

Untertauchen, Augen öffnen und Heraufholen eines Tauchrings.

Fußsprung vom Beckenrand ins bauchtiefe Wasser.

Fußsprung mit gleichzeitigem Heraufholen eines Tauchrings.

‹Toter Mann› in Bauchlage, 3 Sekunden.

Abstoßen und Gleiten, 3 Meter.

Tauchen durch die gegrätschten Beine des Partners.

Delphinspringen: Hände berühren den Boden.

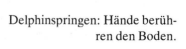

Testübungen

 ‹Toter Mann› in Rückenlage, über 3 Sekunden.

Abstoßen und Gleiten in Rükkenlage, 1 Meter.

 Gleiten in Bauchlage und Beinbewegung, 6 Meter.

Gleiten in Bauchlage und Armbewegung, 4 Meter.

 Gleiten und Gesamtbewegung (Arme und Beine), 8 Meter.

Purzelbaum vorwärts.

 Purzelbaum rückwärts.

Rückenschwimmen nur mit Beinbewegung, 12 Meter.

 Schwimmen, 25 Meter.

Dein nächstes Ziel: das deutsche Jugendschwimmabzeichen in Bronze (Freischwimmer).

Literaturhinweise

BRESGES, L.: Schwimmen im 1. und 2. Lebensjahr. – München: Kösel 1981 (2. Aufl.).

BUCHER, W./MESSMER, C./SALZMANN, F.: 1001 Spiel- und Übungsformen im Schwimmen. Schorndorf: Hofmann 1989 (5. Aufl.).

COOPER, K.: Bewegungstraining – Praktische Anweisung zur Steigerung der Leistungsfähigkeit. – Frankfurt a. M.: Fischer 1975 (8. Aufl.), neu 1986.

DEUTSCHE PRÜFUNGSORDNUNG. – Essen: DLRG 1985 (2. Aufl.).

DEUTSCHER SCHWIMMVERBAND: Anfängerschwimmen – Kongreß Bericht Bayreuth. – Bockenem/Harz: Fahnemann 1978.

FREITAG, W.: Schwimmen – Training, Technik, Taktik. – (= rosport 7003) Reinbek 1988 (10. Aufl.).

GIEHRL, J.: richtig schwimmen. München 1988 (3. Aufl.).

GRAUMANN, D./PFLESSER, W.: Zielgerichtete Wassergewöhnung. – Celle 1981.

HELLMICH, H.: Schwimmen im 3. und 4. Lebensjahr. – München: Kösel 1974.

INNENMOSER, J.: Schwimmspaß für Behinderte. Bockenem/Harz: Fahnemann 1988 (2. Aufl.).

JOERES, U./WEICHERT, W.: Schwimmen – Bewegen und Spielen im Wasser. (= rosport 7614) Reinbek 1987 (2. Aufl.).

LEWIN, G.: Schwimmen mit kleinen Leuten. – Berlin (DDR): Sportverlag 1981 (5. Aufl.).

LORENZEN, H.: Schwimmlehre – Baden und Schwimmen mit Kindern, Retten. – Wuppertal: Putty 1969 (5. Aufl.).

MINER, M. F.: Lustige Wasserratten. Spiele im Wasser, erster Schwimmkurs für Eltern und Kinder. Ravensburg: Otto Maier 1982.

VÖLKER, K./MADSEN, Ø./LAGESTRØM, D.: Fit durch Schwimmen. Erlangen: Perimed 1983.

VOLCK, G. (Hg.): Schwimmen in der Schule. – Schorndorf: Hofmann 1982 (2. Aufl.).

WILKE, K. (Hg.): Schwimmsport-Praxis. (= rosport 8608) Reinbek 1988.

WILKE, K./VÖLKER, K.: Schwimmenlernen im Erwachsenenalter. In: DORDEL, H.-J. (Hg.): Bewegung und Sport Erwachsener – Anfängerschwimmen. Dortmund 1985.

Quellennachweis

BAUERMEISTER, H.: In der Badewanne fängt es an. – München: Copress 1984 (9. Aufl.).

DEUTSCHE LEBENS-RETTUNGS-GESELLSCHAFT: Freie Zeit in Sicherheit, Baderegeln (Faltblatt). – Essen 1978.

DEUTSCHE LEBENS-RETTUNGS-GESELLSCHAFT: Sicherheit durch Schwimmen. Schwimmtest (Faltblatt). – Essen 1978.

DIEM, L./BRESGES, L.: Forschungsergebnis Kleinkinderschwimmen. – In: Archiv des Badewesens 25 (1972), Nr. 7, S. 383–386.

Quellen

DIEM, L./BÜRGER, R./BUSSMANN, U./GROTEN, H./SIEGLING, V.: Säuglingsschwimmen – Hinweise für die praktische Durchführung. BMBW-Werkstattbericht 30. Bonn: Der Bundesminister für Bildung und Wissenschaft (Hg.) 1981.

GABLER, H.: Zum Problem der Angst beim Anfängerschwimmen. – In: Volck, G.: Schwimmen in der Schule.– Schorndorf: Hofmann 1977.

HETZ, G.: Schwimmenlernen – schnell und sicher. – München u. a.: BLV: 1974.

KLAUCK, J./INNENMOSER, J.: Analytische Untersuchungen der Schwimmtechnik einseitig Beinbehinderter. – In: Decker/Lämmer (Hg.): Kölner Beiträge zur Sportwissenschaft 4, Schorndorf 1976.

KOSEL, H: Zum Bewegungslernen mit Sehbehinderten und Blinden. – In: Deutsche Vereinigung für Rehabilitation Behinderter e. V.: Jahrbuch der deutschen Vereinigung für Rehabilitation e. V. 1972, Heidelberg 1972.

MAEGERLEIN, H./HOLLMANN, W.: Aktiv über 40 – Sport, Spiel und Spaß. – Frankfurt a. M.: Limpert 1975.

Medizin heute (Zschrft.), 1976, Nr. 8, S. 12–14.

MEHL, E.: Antike Schwimmkunst. – München: Heimeran 1927.

MEINEL, K.: Bewegungslehre. – Berlin (DDR): Volk und Wissen 1976.

MINSEL, M.: Zur Methodik des Anfängerschwimmens. – Ahrensburg: Czwalina 1974.

NAEGERLI, J.: Die Angst der Schwimmschüler. – In: Körpererziehung 35 (1957, Nr. 6, S. 142–148 und Nr. 7, S. 168–171.

SIDENBLADH, E.: Wasserbabys. Essen: Synthesis 1983.

SILVIA, CH. E.: Manual and Lesson Plans for Basic Swimming, Water Stunts, Life Saving, Springboard Diving, Skin and Scuba Diving. – Springfield/Mass. (Eigendruck) 1970.

STÄNDIGE KONFERENZ DER KULTUSMINISTER DER LÄNDER IN DER BRD: Vereinbarung über die Gültigkeit der «Deutschen Prüfungsordnung Schwimmen – Retten – Tauchen» in Verbänden und in der Schule (1978).

STEGEMANN, J.: Leistungsphysiologie. Physiologische Grundlagen der Arbeit und des Sports. – Stuttgart: Thieme 1984 (3. Aufl.).

TIMMERMANS, C.: How to Teach Your Baby to Swim. – London u. a.: Heinemann 1975.

VÖLKER, K./LIESEN, H./WILKE, K./HOLLMANN, W.: Über den Einfluß eines Schwimmlernprogramms auf die Leistungsfähigkeit erwachsener Nichtschwimmer. – In: KINDERMANN, W./HORT, W. (Hg.): Sportmedizin für Breiten- und Leistungssport. Berichtband Deutscher Sportärztekongreß Saarbrücken 1980. Gräfelfing 1981.

WIESSNER, K.: Natürlicher Schwimmunterricht. – Wien: Jugend und Volk 1950 (4. Aufl.).

WILKE, K. u. a.: Anfängerschwimmen, eine Dokumentationsstudie. – Schorndorf: Hofmann 1976.

WILKE, K.: Präventivmedizinisch orientiertes Schwimmtraining mit Senioren. – In: Sport & Gesundheit. Sonderausgabe Juni 1983, S. 22–25.

Die «Baderegeln» und der «Schwimm-Test» sind mit freundlicher Genehmigung den oben aufgeführten Faltblättern der DLRG entnommen.

Über die Verfasser

Kurt Wilke wurde 1936 in Düsseldorf geboren und studierte in Köln Germanistik, Sport und Psychologie. Neben wettkampfsportlicher Erfahrung als Leichtathlet und Handballspieler gewann er mehrere westdeutsche Meisterschaften und Deutsche Studentenmeisterschaften im Schwimmen und Wasserball. 1967/68 war er kommissarischer Schwimmwart des Deutschen Schwimm-Verbandes.
Nach Lehrtätigkeit an Schule und Hochschule leitete Kurt Wilke als Regierungsdirektor die Abteilung Sportlehrer der Sportschule der Bundeswehr. Er unterrichtet als Professor an der Deutschen Sporthochschule Köln und ist seit 1983 Prorektor.

Erika Fastrich wurde 1935 in Duisburg geboren und studierte in Köln Sport und Mathematik. Seit 1958 lehrt sie an der Deutschen Sporthochschule Köln als Dozentin für Schwimmen in der Grundausbildung der Studierenden. Ihre Arbeitsschwerpunkte sind: Anfänger- und Rettungsschwimmen. Lehrerfortbildung, außerdem Literatur- und Sportfilmdokumentation. Sie nimmt seit 1961 Ausbildungsaufgaben für die Deutsche Lebens-Rettungs-Gesellschaft wahr und hat an deren Lehrmaterialien sowie an der Deutschen Prüfungsordnung mitgearbeitet.

Sachregister

Abhärtung 10, 24, 113
Anfangsschwimmart 76ff, 105ff, 123, 148f, 151
Angst 27ff, 40, 105, 128, 146, 152, 155, 156, 157
Armbewegung 79f, 86ff, 96, 101f, 108ff, 148
Atmung 22, 25, 32, 34, 38, 46, 57ff, 76f, 78, 82f, 84, 94, 98, 101, 118, 131, 148, 153, 159, 165
Aufsichtsperson 30, 113, 124
Auftrieb 12, 18, 24, 39, 45, 47, 60ff, 95, 128, 148, 166
Auftriebshilfen 10ff, 15, 17, 93ff, 99ff, 113, 130, 156, 166, 171, 173
Aufwärmen 132, 143ff
Ausdauer 25f, 77, 102, 104, 160ff

Babies 112ff
Badewanne 105, 113, 115
Bauchlage 59ff, 84, 88, 115, 148, 153, 164
Behinderte 21f, 23f, 26f, 145ff
Beinbewegung 78, 80ff, 86ff, 96, 100ff, 106f
Bereiche, schwimmsportliche 112, 126, 127f, 169
Beweglichkeit 132, 135ff
Bewegungsvorstellung 132, 152
Brustschwimmen 18, 25, 76ff, 86ff, 100ff, 105ff, 150, 151

Dauerschwimmen 25f, 77, 101, 104, 160ff
Dehnung 132, 133ff
Druckwirkungen 20, 22, 26

Einzelunterricht 12, 111f, 122
Eltern-Kind-Schwimmen 105, 112ff, 122ff
Entwicklungsreize 112, 125, 160
Erwachsene 24, 127ff, 132ff, 154

Fahrtenschwimmer 15
Flossen 105ff, 150, 172

Freischwimmer 15, 178, 179
Furcht 27ff, 128f

Geräte 10ff, 15ff, 18, 30, 37, 84ff, 93ff, 99ff, 106, 152, 171ff
Gesundheit 24ff, 26, 160f
Gleichgewicht 39, 46, 47f, 54, 84
Gleiten 31, 46, 59ff, 67, 83, 85ff, 120, 129, 153, 159
Grundsatzlehrweise 37ff, 122f, 128
Gruppenunterricht 14f, 100, 111f, 125, 156
Gymnastik 26, 29, 78, 131, 132ff

Homöostase 20, 23, 25
Hygiene 22, 27, 115f

Intervallschwimmen 26, 159f, 162

Kleiderschwimmen 102, 165f
Körperkontakt 35, 102, 113, 115, 122, 152
Körperlage 59f, 106, 116, 123, 131, 148, 159f, 164
Koordination 82f, 89ff, 96f, 102, 103, 109f, 132
Kopfhaltung 77, 78, 101, 121, 123, 150, 164
Kräftigung 132, 140ff
Krampf 167
Kraulschwimmen 10, 18, 24f, 76, 93ff, 105ff, 150, 151

Lehrbecken 33f, 40, 99, 105ff, 112, 122
Lehrer 11, 15, 29, 94, 122, 125, 126
Lehrgang 84ff, 93ff, 99ff, 128, 173

Orientieren 39, 48, 85, 129, 147, 151f, 153f

Reflex 22, 39, 113, 129
Rehabilitation 145
Rückenlage 59f, 76f, 84, 87, 115, 148, 160, 164, 165

Rückenschwimmen 24f, 76f, 90, 93ff, 97, 148

Sauerstoffversorgung 23f, 25, 26
Selbstrettung 155
Schulschwimmen 111, 124f
Schweben 46, 59ff, 85ff, 94, 105, 115, 121, 129, 148, 164f
Schwimmart/-technik 106, 126, 148f, 153f, 156
Schwimmbecken 18
Schwimmei 93ff
Schwimmprüfung 14, 44f, 67, 91, 102, 104, 168ff, 178f
Schwunggrätsche 80ff, 86ff
Selbstrettung 123, 124, 155, 164ff
Spannung/Entspannung 25, 33f, 68, 114f, 125, 128, 130, 157, 164
Spiele 34, 40ff, 67ff, 83, 84ff, 103f, 107ff, 111, 114, 126
Springen 46, 53ff, 83, 85ff, 98, 101, 121
Streckenschwimmen 102, 104, 110, 159f

Tauchen 46, 48ff, 60, 67, 73f, 83, 85ff, 93f, 101, 105, 118ff, 130, 147f, 152, 153
Tauchreflex 23
Temperaturregulation 20ff
Test 44f, 67, 91, 106, 110, 148, 153, 154

Tiefwasser 29ff, 90, 99ff, 106f, 146
Training 23, 24, 160f
Trockenübungen 12, 15, 132

Überlebenstechniken 93, 97, 155, 164ff
Übungshäufigkeit 83, 100, 106, 132
Untersuchung, ärztliche 23f, 113, 148, 153, 160

Vorschulkind 54, 105, 111, 122ff, 124ff

Wärmeverlust 20ff, 132, 166
Wasserbewältigung 24, 31, 35, 38, 45ff, 67, 83, 85ff, 112, 122, 127, 130, 156, 165
Wassergewöhnung 12, 18, 33, 35, 38ff, 67, 84, 103, 112, 122, 127, 156
Wasserscheu 18, 27ff, 93
Wasserschlucken 31f, 129, 166
Wassersicherheit 11f, 37, 48, 101, 106, 112, 123, 125, 145, 156
Wassertemperatur 20ff, 33, 39, 99, 106, 113, 122, 130
Wasservertrautheit 99, 101, 125, 127, 155
Wasserwiderstand 39, 46, 47, 57, 132, 140ff, 148, 150, 159f

Ziele, schwimmerische 128, 168ff

Sport · Fitness · Gesundheit

Ulrich Jonath
Circuittraining (7625)

Karl-Peter Knebel
Funktionsgymnastik (7628)

Ulrich Jonath/Rolf Krempel
Konditionstraining (7038)

Helga und Manfred Letzelter
Krafttraining (7621)

Friedrich Schwope
Sportmassage (8625)

Hans-Uwe Hinrichs
Sportverletzungen (8604)

Johannes Mende
Körpertraining (8612)

John Syer/Christopher Connolly
Psychotraining für Sportler (8614)

Jürgen Freiwald
Prävention und Rehabilitation im Sport (8626)

Jürgen Freiwald
Aufwärmen im Sport (8642)

Sabine Letuwnik/Jürgen Freiwald
Fitness für Frauen (8681)

Jürgen Freiwald
Fitness für Männer (8687)

Erika Groos/Dorothee Rothmaier
Ausdauergymnastik (8693)

C 2330/4

Wassersportliches

Horst Schlichting
Segeln (8643)

Jörg Diesch
Regattasegeln (7046)

J. und M. Charchulla
Windsurfing für alle (7620)

J. und M. Charchulla
Windsurfing für Meister (7607)

Werner Freitag
Schwimmen (7003)

Kurt Wilke
Anfängerschwimmen (7032)

Kurt Wilke (Hg.)
Schwimmsport Praxis (8608)

H. Obstoj, K. Knap, H.-G. Suchotzki
Kajak und Canadier (7018)

Walter Schröder
Rudern (7010)

Erhard Schulz
Tauchen und Schnorcheln (7020)

C 2388/ 2